Hans Jürgen Press

Spiel
das Wissen schafft

Hans Jürgen Press

Spiel
das Wissen
schafft

**Mit über 400 Anregungen zum
Experimentieren
und Beobachten der Natur**

Ravensburger Buchverlag

Eine Sammelausgabe der Bände
„Spiel – das Wissen schafft",
„Geheimnisse des Alltags" und
„Der Natur auf der Spur"

In diesem Buch werden einige Experimente
mit Feuer oder spitzen Gegenständen vorgestellt.
Bitte diese Experimente besonders vorsichtig und nur
in Anwesenheit von Erwachsenen durchführen.

Verwendete Maßangaben:

mm = Millimeter	cm = Zentimeter
m = Meter	m^2 = Quadratmeter
m^3 = Kubikmeter	km = Kilometer
g = Gramm	kg = Kilogramm

Bibliografische Information der Deutschen Nationalbibliothek

Die Deutsche Nationalbibliothek verzeichnet diese Publikation
in der Deutschen Nationalbibliografie; detaillierte bibliografische
Daten sind im Internet über **http://dnb.d-nb.de** abrufbar.

5 4 3 2 1   15 14 13 12 11

© 2011 Ravensburger Buchverlag Otto Maier GmbH
Postfach 1860 · 88188 Ravensburg
Alle Rechte, auch die des auszugsweisen Nachdrucks,
der fotomechanischen Wiedergabe und der Übersetzung,
vorbehalten.

ISBN 3-473-55266-5

Printed in Germany

www.ravensburger.de

Inhalt

Astronomie
1 Bild der Sonne
2 Kleine Sonnenbilder
3 Einfache Sonnenuhr
4 Mini-Sonnenuhr
5 Weltzeituhr

Versuche mit Pflanzen
6 Künstliche Bewässerung
7 Regen im Glas
8 Weg zum Licht
9 Zickzackwuchs
10 Druck durch Osmose
11 Spiel mit Osmose
12 Kirschen im Regen
13 Birkenwasser
14 Leben durch Sonne
15 Zweifarbige Blüte
16 Gerüst eines Espenblattes

Chemie
17 Geheimtinte
18 Tinte aus Eichenholz
19 Abziehbilder
20 Farbenzauberei
21 Brennender Zucker
22 Gasleitung
23 Brennendes Eisen
24 Verbrennung ohne Flamme
25 Feuerlöscher
26 Fernzündung

Elektrischer Strom
27 Geheimnisvolle Kreise
28 Kartoffelbatterie
29 Strom aus Metallen
30 Elektromagnet
31 Morseapparat
32 Grafitleiter
33 Mini-Mikrofon
34 Magnetische Ablenkung
35 Stromkreis am Fahrrad

Statische Elektrizität
36 Geladene Luftballons
37 Anziehung und Abstoßung
38 Schießende Körner
39 Wasserbogen
40 Pfeffer und Salz
41 Elektrische Schlange
42 Elektrische Flöhe
43 Einfaches Elektroskop
44 Elektrisches Ballspiel
45 Harmlose Hochspannung
46 Kleiner Blitz

Magnetismus
47 Magnetkraft der Erde
48 Magnettest
49 Bewegter Bleistift
50 Kraftlinienbild
51 Wasserkompass
52 Magnetische Enten
53 Neigung zum Pol

Luft
54 Taucherglocke
55 Luftblockade
56 Luftlast auf dem Papier
57 Windbogen
58 Bernoullis Gesetz
59 Gefangener Ball
60 Spannkraft der Luft

Inhalt

61 Flaschenbarometer
62 Ballon in der Flasche
63 Schuss nach hinten
64 Münze als Ventil
65 Flammen im Trichter
66 Streichholzlift
67 Pressluftrakete
68 Kreisel im Wind

Wärme, Kälte, Eis
69 Buddelthermometer
70 Doppeltes Glas
71 Winddetektor
72 Münze im Wasser
73 Wind an der Wand
74 Luftkissenfahrzeug
75 Düsenboot
76 Schwebende Tropfen

77 Ungleiche Wärmeleiter
78 Gedehntes Metall
79 Wärmeaufnahme und Wärmeabstrahlung
80 Feuer unter Wasser
81 Kleiner Eisberg
82 Sprengkraft des Eises
83 Unterschiedliche Gefrierzeiten
84 Kochtopf aus Papier
85 Kleiner Freiballon
86 Eisangeln
87 Gesprengter Stein

Versuche mit Flüssigkeiten
88 Perlenkette
89 Wasserdruck in feinen Röhrchen
90 Schwimmendes Metall
91 Zerstörte Wasserhaut
92 Wasserkuppe
93 Seifenblasen
94 Entspannte Kraft
95 Wasserknoten
96 Kraft der Moleküle
97 Schwebendes Wasser
98 Beerentanz
99 Elastische Haut
100 Treibstoff Seife
101 Dichte Löcher

102 Das archimedische Prinzip
103 Balanceproblem
104 Anglerproblem
105 Faustmessen
106 Gewichtsabnahme
107 Wasserdichtes Sieb
108 Eier im Wasser
109 Mini-U-Boot
110 Taucherkugeln
111 Wassertemperaturen bei Wind
112 Druck von unten
113 Wasserspiele

Molekularkräfte
114 Ausdehnung von Wasserflecken
115 Reißprobe mit Papier
116 Papierstrick
117 Kletternde Flüssigkeiten
118 Seerose
119 Zaubersprudel
120 Magische Quelle
121 Unterbrochene Wasserleitung
122 Kräfte in einer Wasserlache
123 Geldfalle
124 Wetterstation

Inhalt

Schwerpunkt und Schwerkraft
125 Verhexter Karton
126 Balancierender Knopf
127 Heißer Punkt
128 Verlagerter Schwerpunkt
129 Gleichgewichtsakrobat
130 Bumerang-Dose
131 Kerzenwippe
132 Balancierstab
133 Standfeste Fahrräder
134 Suche nach dem Schwerpunkt
135 Rätselhaftes Gleichgewicht
136 Balancierende Nadeln

Trägheit
137 Eierkreisel
138 Träges Ei
139 Beweis der Trägheit
140 Standhafter Bleistift
141 Geteilter Apfel
142 Genutzte Trägheit
143 Trägheit der Gase

Technisches Kräftespiel
144 Papierbrücke
145 Stabilität der Eischale
146 Knoten in der Zigarette
147 Rätselhafte Spule
148 Schnittfestes Papier
149 Zunehmender Reibungswiderstand
150 Tausend Hebel
151 Rotierende Kugel
152 Stabile Schachtel
153 Elastischer Stoß

Schall und Töne
154 Schallbecher
155 Wasserorgel
156 Singende Gläser
157 Schritte in der Tüte
158 Leitung zum Ohr
159 Brummflöte
160 Hohe und tiefe Töne

Licht
161 Blick in die Unendlichkeit
162 Strahlengang
163 Irrlichter
164 Spiegelung auf der Straße
165 Undurchsichtige Fenster
166 Verwackelte Bilder
167 Spiegelung in Eiskristallen
168 Kaleidoskop
169 Spiegelnder Kopf
170 Gebündelte Sonnenstrahlen
171 Gebogene Lichtleiter
172 Silbrige Fingerabdrücke
173 Geheimnis der 3-D-Bilder
174 Decoder
175 Gefangenes Licht
176 Blick durch mattes Glas
177 Gebrochener Bleistift
178 Verkürzter Löffel
179 Sichtbare Gaswirbel
180 Lichtspiele
181 Moirémuster
182 Sonnenkollektor
183 Sonnenturbine
184 Lichtmühle
185 Bunter Ring
186 Sonnenspektrum
187 Spektrum in der Feder

5

Inhalt

188 Farbkreisel
189 Augenstäubchen
190 Zuckende Blitze
191 Seltsame Vergrößerung
192 Mondrakete
193 Feuerzeichen
194 Rote Pupillen
195 Lichtstreifen im Auge
196 Räder im Film
197 Fernsehkreisel
198 Lichtfächer
199 Kinematografischer Effekt
200 Puzzlebild
201 Schlossgespenst
202 Goldfisch im Aquarium
203 Wackelpudding

Sinnestäuschungen
204 Geisterballon
205 Loch in der Hand
206 Verschwundenes
    Kaninchen
207 Entfernungsmessen
208 Verwirrte Schrift
209 Sinnestäuschung
210 Schreibfehler
211 Problem mit Kleingeld
212 Filmtrick
213 Schrecksekunde
214 Tast-Test

215 Krummer Weg
216 Irritierende Kreise
217 Lebende Bilder
218 Wassermühle
219 Verrückte Buchstaben
220 Magische
    Schneckenlinie
221 Täuschende Drehung

Geometrie
222 Peilung im Dreieck
223 Messung
    durch Lichtreflexion
224 Kugeln im Würfel
225 Praktische Geometrie
226 Toter Winkel
227 Suche nach
    dem Kreismittelpunkt
228 Kugel aus
    ebenen Flächen
229 Berechnung eines Kreises
230 Tachometerproblem
231 Kurventechnik
232 Uhr als Kompass

Allerlei Mechanik
233 Prinzip der Seilbahn
234 Problem mit einer Karre
235 Veränderlicher
    Radumfang

236 Kräfte am Rodelschlitten
237 Entgegengesetzte Kräfte
238 Gewölbte Mauer
239 Trägheitsgesetz
    in der Bahn

Aus Natur und Technik
240 Blitz und Donner
241 Pflanzensaft
    als Stromleiter
242 Gefährliche
    Schrittspannung
243 Blitzableiter
    in der Hand
244 Kondenswolke
    in der Flasche
245 Verdunstung
    und Kondensation
246 Fahrt auf
    einem Wasserkeil
247 Auftrieb in der Luft
248 Gewicht der Luft
249 Höhenmesser

Inhalt

250 Ruhende Luft
251 Luftdruckanzeiger
252 Luftdruck und Flüssigkeit
253 Pressluft im Tunnel
254 Richtung Sonne

In Haus und Garten
255 Weiches Ei
256 Naturwerkzeug
257 Drehmechanismus im Hühnerei
258 Luft im Ei
259 Betrifft Schwalben
260 Kulturfolger
261 Wetterzeichen
262 Jagdreviere
263 Kulturflüchter
264 Erfinderische Meisen
265 Hilfe für Freibrüter
266 Ein Leben in der Luft
267 Besuch vom Wald
268 Kontrolle eines Maulwurfs
269 Maulwurf in der Fallgrube
270 Wühler mit feiner Nase
271 Versteckte Nüsse
272 Urinstinkt
273 Leuchtende Augen
274 Tierverhalten

275 Tiere unter sich
276 Instinkt der Regenwürmer
277 Bunte Schneckenhäuser
278 Süße Schneckennahrung
279 Schneckentempo
280 Schutz der Natur
281 Insekten und Blütenfarben
282 Lockspeise für Schmetterlinge
283 Falter auf dem Finger
284 Natürlicher Gartendünger
285 Mimikry des Mondvogels
286 Tarnung und Warnung
287 Verirrte Schmetterlinge
288 Falter im Schnee
289 Lebensgemeinschaft im Ameisennest

290 Grillen als Wächter
291 „Goldaugen"
292 Raupenjäger
293 Feind der Blattläuse
294 Wiederbelebung einer Fliege
295 Eine Fliege im Winter
296 Gefährliche Fliegen
297 Wurm im Apfel
298 Geräusche aus der Nuss
299 Geschneiderte Brutzellen
300 Fliegende Spinnen
301 Baustoff der Wespen
302 Zuchtversuch im Garten
303 Stabilität durch Druck
304 Knall im Garten
305 Veilchen an Ameisenstraßen

Auf Feld und Wiese
306 Pflanze mit Giftspritzen
307 Perlen am Frauenmantel
308 Aufblühen der Nachtkerze
309 Leben im Reisighaufen
310 Geheimnis der Kopfweiden
311 Flecken auf der Weide
312 Hilfe für Igel
313 Schutz für kleine Hasen

Inhalt

314 Kinderstube
der Wildkaninchen
315 Raureif
am Kaninchenbau
316 Trick des Hasen
317 Flucht gegen den Berg
318 Versteck unter Schnee
319 Hase oder Kaninchen?
320 Kompasspflanze

321 Bienen mit Hörnern
322 Gelenktes Wachstum
323 Haus aus Schaum
324 Insektenjäger
325 Farbwechsel
des Hermelins
326 Labyrinth im Schnee
327 Fluggeräusche der Vögel
328 Kiebitze im Frühling
329 Verhasster Waldkauz

330 Spitzmaus-Karawane
331 Käse für den Sonnentau

In Hecke und Wald
332 Warnsystem der Tiere
333 Sprache der Amseln
334 Signale im Wald
335 Vermauerte Spechthöhle
336 Lockruf in der Nacht
337 Nahrungsreste der Eulen
338 Schlafstellung der Vögel
339 Junge Eichen
in den Hecken
340 Aufgespießte Beute
341 Ein Naturgesetz
342 Lebenslauf eines Baumes
343 Fichte oder Tanne?
344 Leben im hohlen Baum
345 Kreislauf der Nährstoffe
346 Würgende Ranken
347 Schwerpunkt der Bäume
348 Ursache des Laubfalls
349 Säbelwuchs der Bäume
350 Schneetrichter
351 Lebensgemeinschaft
352 Abflug eines Maikäfers
353 Jäger im Gras
354 Fanggruben im Sand
355 Gallen auf Eichenblättern
356 Weg eines Insekts

357 Leuchtzeichen im Juni
358 Glitzernde Spur
359 Reizbarer Sauerklee
360 Explodierende Früchte
361 Zeichen für reine Luft
362 Vom Alter der Flechten
363 Pilze in Kreisen
364 Sporenbild
365 Rätsel
der Zunderschwämme
366 Lebensgemeinschaft
im Wald
367 Farbtest
368 Fernstraßen der Ameisen
369 Bad im Wald
370 Pilzsammlung
der Eichhörnchen
371 Löcher
in Haselnussschalen
372 Erkennungszeichen
in der Rinde
373 Heimliche
Höhlenbewohner
374 Bad der Wildschweine
375 Kleine Gehörnkunde
376 Benagtes Gehörn
377 Schnabelspuren
an Fichtenzapfen
378 Benagte Fichtenzapfen

Inhalt

An Bach, Teich und See
379 Unterwasserlupe
380 Tropfenmikroskop
381 Schlittschuhläufer
382 Käfer mit vier Augen
383 Wasserjungfern
384 Geburt einer Libelle
385 Mückenhochzeit
386 Räuber im Teich
387 Haus unter Wasser
388 Zu Fuß über den Teich
389 Zug der Hechte
390 Konzert im Teich
391 Laich im Teich
392 Stichling im Aquarium
393 Verteidigung des Reviers
394 Muschelreihe
395 Nest im Schilf
396 Gast aus dem Norden
397 Brutpflege
398 Kälteschutz
    der Wasservögel
399 Schneckenhäuser im Eis
400 Erdgas aus dem Schlamm
401 Druckwellen im Wasser

Strand und Gestein
402 Abgeschliffene Bäume
403 Vögel im Wind
404 Fliegende
    Wetteranzeiger
405 Enträtseltes Wattgeräusch
406 Gänge im Meeresboden
407 Krebse
    mit Orientierungssinn
408 Strandsammlung
409 Meersalat
410 Geteilte Seesterne
411 Bohrloch eines Räubers
412 Durchbohrte Steine
413 Funkelndes Meer
414 Funde mit Geschichte
415 Angespülte
    „Seestachelbeeren"

416 Fischfang bei Ebbe
417 Entdeckung am Flussufer
418 Bohrlöcher
    eines Schwamms
419 Seeigel
    vom Meeresgrund
420 Sammlung von Fossilien
421 Ausgestorbene
    Tintenfische
422 Versteinerte Armfüßer
423 Seeigel im Feuerstein
424 „Donnerkeile"
    aus dem Meer
425 Steine aus Vulkanen
426 Umwandlung
    von Granit
427 Geschliffene Steine
428 Leuchtende Steine

Astronomie

1
Bild der Sonne

Lege in ein geöffnetes Fenster ein Fernglas, sodass die Sonnenstrahlen genau hindurchfallen. Baue vor einer Augenlinse einen Spiegel so auf, dass er das Bild der Sonne auf die Wand des Zimmers wirft. Stelle das Glas ein, bis das Bild scharf ist, und verdunkle das Zimmer. Es wäre für deine Augen schädlich, wenn du mit einem Fernglas direkt in die Sonne schauen würdest! An der Wand kannst du jedoch die leuchtende Scheibe in beachtlicher Größe und voller Schärfe betrachten und wenn das Fernglas gut ist, sogar die Sonnenflecken. Das sind etwa 2 000 °C kühlere Stellen in der Außenhülle des sonst 6 000 °C heißen Sonnenballs. Infolge der Erdumdrehung wandert das Sonnenbild schnell an der Wand entlang, daher ist das Fernglas von Zeit zu Zeit neu auf die Sonne auszurichten.

2
Kleine Sonnenbilder

Wenn die Sonne hoch am Himmel steht, zeigen sich im Schatten großer Bäume kreisrunde Lichtflecken auf dem Boden. Wie kommt es, dass sie nicht so unregelmäßig geformt sind wie die Lücken zwischen den Blättern? Die Sonnenstrahlen, die durch die lichten Stellen im Laub auf den Erdboden fallen, projizieren dort kleine Bilder der Sonne. Je enger eine Lücke, desto schärfer ist das Bild. Jede kleine Lücke wirkt wie die Blende einer Kamera: Sie hält störende Randstrahlen ab und lässt nur schlanke Lichtbündel durch, die ein scharfes Bild zeichnen. Bei einer Sonnenfinsternis, wenn der Mond die Sonne teilweise verdeckt, verändern auch die Sonnenbildchen im Baumschatten ihre Form: Man sieht dann deutlich kleine Sicheln.

3
Einfache Sonnenuhr

Stelle einen Blumentopf, in dessen Bodenloch du einen langen Stab gesteckt hast, an einen von morgens bis abends sonnigen Platz im Garten oder auf dem Balkon. Der Schatten des Stabes wandert entsprechend der Sonnenbewegung am Topfrand entlang. Zu jeder vollen Stunde zeichnest du den jeweiligen Stand des Schattens am Topf an. Solange die Sonne scheint, kannst du jetzt die Zeit ablesen. Infolge der Erddrehung zieht die Sonne scheinbar in einer halbkreisförmigen Bahn von Osten nach Westen über uns hinweg. Dementsprechend wandert der Schatten des Stabes an der Innenwand des Topfes entlang. Da die Wand schräg steht, treffen die Strahlen ziemlich senkrecht auf und werfen einen genauen Schatten.

4
Mini-Sonnenuhr

Nimm ein Stück Karton in Größe und Stärke einer Postkarte und schneide in seine Mitte einen 70 x 3 mm großen Spalt. Halbiere mit der Schere einen weißen, undurchsichtigen Jogurtbecher, klebe diese Hälfte genau über den Spalt, decke sie oben mit Pappe ab und befestige auf ihrem Rand einen Papierstreifen. Die Sonnenuhr ist fertig. Hänge sie in der Wohnung an die Scheibe eines Südfensters. Infolge der Erddrehung wandert die Sonne scheinbar in einer halbkreisförmigen Bahn über uns hinweg. Ein dünner Lichtstreifen, den die Sonne auf die Wand der Sonnenuhr wirft, zeigt die jeweilige Tageszeit an. Natürlich musst du vorher zu jeder vollen Stunde den Sonnenstand auf dem Papierstreifen markieren.

5
Weltzeituhr

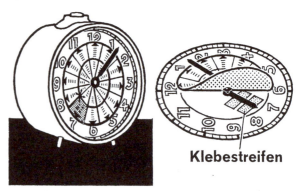

Klebestreifen

Du brauchst einen Wecker oder eine Wanduhr, deren Zifferblatt-Abdeckung sich abnehmen lässt. Kopiere die abgebildete Weltzeitscheibe, klebe sie auf Zeichenkarton und schneide sie aus. Nimm von der Uhr Gehäuse und Zifferblatt-Abdeckung ab. Führe den Minutenzeiger durch das Loch der Papierscheibe und klebe an ihrer Rückseite den Stundenzeiger fest: Achte dabei darauf, dass der große Pfeil „Berlin" genau über dem Stundenzeiger liegt! Die Scheibe dreht sich nun mit dem Stundenzeiger, sie darf deshalb nicht klemmen. Die Uhr gibt dir alle Zeiten auf der Erde an. Lies zuerst die mitteleuropäische Zeit (Pfeil Berlin) ab. Wanderst du von Berlin auf dem Außenkreis links herum, findest du die Orte westlich von Berlin. Mit jedem Feld wird es eine Stunde früher. Wanderst du von Berlin

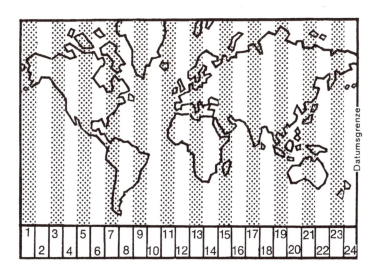 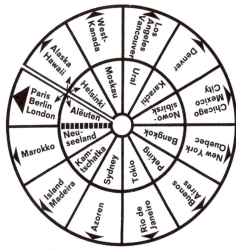

in Pfeilrichtung auf dem Innenkreis herum, findest du die Orte östlich von Berlin. Mit jedem Feld wird es eine Stunde später. Zeigt der große Pfeil Berlin bei uns auf 13 Uhr, ist es in Neuseeland bereits 24 Uhr.
Ein Beispiel: Der Wecker zeigt an, dass es bei uns 19.02 Uhr ist. Wie spät ist es dann in San Francisco? San Francisco liegt in der Zeitzone von Los Angeles. Auf der Drehscheibe gehst du von Berlin im Außenkreis links herum bis zum Feld Los Angeles. Die Uhrzeit dort: 10.02 Uhr. Da in einigen zusammengehörenden Gebieten eine einheitliche Uhrzeit eingeführt wurde, führen die Grenzen der Zeitzonen an ihren Grenzen entlang.

Die westeuropäischen Länder einschließlich Großbritannien haben gemeinsam mit den mitteleuropäischen Ländern die mitteleuropäische Zeit. Manche Länder führen die Sommerzeit ein: Sie stellen die Uhr im Sommer um eine Stunde vor. Da sich die Erde in 24 Stunden von Westen nach Osten einmal um ihre Achse dreht, wandert die Sonne scheinbar von Osten nach Westen und bestimmt in den Zeitzonen die jeweilige Tageszeit. Auf dieser Karte ist es in Berlin 13 Uhr, in New York erst 7 Uhr morgens. Am rechten Rand (Datumsgrenze) beginnt bereits ein neuer Tag. Markiere jede Zeitzone und das jeweils dazugehörige Feld auf der Drehscheibe mit einer Farbe.

6
Künstliche Bewässerung

Versuche mit Pflanzen

Fülle eine Weinflasche mit Wasser, halte sie zu und stecke sie mit einem Ruck kopfüber in einen Blumenkasten. Die Flasche kann die Pflanzen mehrere Tage bewässern.
Es läuft nur so viel Wasser aus der Flasche, bis die Erde um sie herum durchnässt ist und dann keine Luft mehr in die Flasche nachströmen kann. An warmen Tagen kannst du beobachten, dass mehr Luftbläschen aufsteigen als an kühlen Tagen – die Pflanzen benötigen dann mehr Wasser.

7
Regen im Glas

Stelle einen belaubten Zweig in einem Glas mit Wasser ins Sonnenlicht. Gieße auf die Wasseroberfläche eine dünne Schicht Speiseöl und stülpe über das Ganze ein großes Einmachglas. Schon nach kurzer Zeit sammeln sich an der Innenwand Wassertröpfchen. Da das Öl kein Wasser durchlässt, muss es aus den Blättern kommen. Tatsächlich wird das Wasser, das die Pflanze aufnimmt, durch winzige Poren der Blattoberhaut in die Luft abgegeben. Sobald die von der Sonne erwärmte Luft im Glas mit Feuchtigkeit gesättigt ist, kommt es zur Kondensation: Wie ein feiner Regen setzen sich Wassertröpfchen am kühleren Glas ab.

8
Weg zum Licht

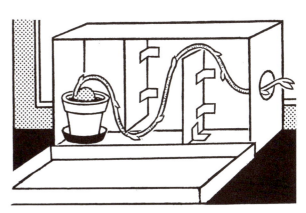

Pflanze eine im Keller vorgekeimte Kartoffel in einen Topf mit feuchter Erde. Stelle ihn in die Ecke eines Schuhkartons und schneide in die gegenüberliegende Querwand ein Loch. Innen klebst du zwei Zwischenwände so ein, dass jeweils eine schmale Lücke bleibt. Schließe den Karton und stelle ihn ans Fenster. Nach ein paar Tagen hat der Keim den Weg durch den dunklen Irrgarten zum Licht gefunden.
Pflanzen haben lichtempfindliche Zellen, die die Richtung des Wachstums lenken. Selbst der geringe Lichteinfall im Karton bewirkt eine Krümmung des Keimes. Er sieht allerdings bleich aus, da er das Chlorophyll, das für sein Gedeihen wichtige Blattgrün, im Dunkeln nicht bilden kann.

9
Zickzackwuchs

Lege ein paar vorgekeimte Samen, zum Beispiel von Radieschen oder Linsen, auf ein Löschblatt zwischen zwei Glasscheiben, ziehe Gummiringe über die Scheiben und stelle sie in einem Wassergefäß ans Fenster. Drehe die Glasscheiben mit den Keimen alle zwei Tage auf eine andere Kante. Die Wurzeln wachsen immer wieder nach unten und der Stängel wendet sich jedes Mal nach oben. Pflanzen haben sinnesartige Anlagen. Ihre Wurzeln streben immer dem Erdmittelpunkt zu, die Sprossen in entgegengesetzte Richtung. An einem Berghang wachsen die Wurzeln der Bäume nicht rechtwinklig zur Oberfläche ins Erdreich, sondern senkrecht in Richtung Erdmitte.

10
Druck durch Osmose

Gipse eine Reihe trockener Erbsen in einer Zigarettenschachtel ein, lasse den Gipsblock erhärten und lege ihn dann in einen Teller mit Wasser. Er wird sehr bald in zwei Teile gesprengt. Die Kraft, die hier wirkt, heißt Osmose: Das Wasser durchdringt den porösen Gips, wandert von Zelle zu Zelle durch die halb durchlässigen Zellwände der Erbsen und erhöht dabei den Druck in den Zellen, der schließlich den Block zerbrechen lässt. Am Straßenrand kann man Pflanzen entdecken, die die Asphaltdecke emporgewölbt und gesprengt haben. Die Pflanzensprossen beziehen das Wasser aus ihren Wurzelstöcken. Durch Osmose wird es emporgeleitet. Dabei entsteht in den Spitzen der Sprossen ein Druck, der das Mehrfache des Luftdrucks in einem Presslufthammer ausmacht.

11
Spiel mit Osmose

Fülle ein Weinglas mit trockenen Erbsen, gieße bis zum Rand Wasser hinzu und stelle das Glas auf einen Blechdeckel. Der Erbsenberg wird langsam höher und dann beginnt ein stundenlanger Gespensterlärm von herabfallenden Erbsen.
Auch dies ist ein osmotischer Vorgang: Durch die Schalen dringt Wasser in die Zellen der Erbsen und löst ihre Nährstoffe. Der dabei entstehende Druck lässt die Erbsen dick aufquellen und über den Rand des Glases auf den Blechdeckel fallen.
Auf die gleiche Art dringt das für Pflanzen zum Leben notwendige Wasser durch die Wände ihrer Zellen und strafft sie. Bekommt eine Pflanze kein Wasser mehr, werden ihre Zellen schlaff: Sie welkt.

12
Kirschen im Regen

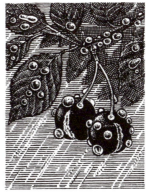 

Wenn es einige Tage lang regnet, platzen die reifen Süßkirschen am Baum. Das Gleiche geschieht, wenn man Kirschen für einige Zeit ins Wasser legt. Durch die feinen Poren ihrer Haut gelangt zwar Wasser in die Kirschen, ihr dickflüssiger, zuckerhaltiger Saft kann jedoch nicht hinaus. Das eindringende Wasser verdünnt den Saft in der Frucht und steigert gleichzeitig den Druck in ihren Zellen, sodass sie schließlich platzen.
Das Wandern von Flüssigkeiten durch unsichtbare Poren der Zellwände hindurch nennt man Osmose. Es ist der gleiche Vorgang, der die Aufnahme des Wassers aus dem Boden durch die Pflanzenwurzeln ermöglicht und es von Zelle zu Zelle bis zu den Blättern weiterleitet.

13
Birkenwasser

Bindest du über den belaubten Zweig einer Birke einen Plastikbeutel, sammelt sich darin allmählich Feuchtigkeit, die sich an der Folie niederschlägt und innerhalb von zwei Tagen eine Ecke des Beutels füllt.
An heißen Tagen bildet sich aus den wenigen Blättern eine recht beachtliche Wassermenge. Sie ist in der feuchtigkeitsgesättigten Luft im Beutel aber bei weitem nicht so groß wie in der trockenen Luft, die die übrigen Blätter umgibt. Im Sommer kann eine ausgewachsene Birke pro Tag bis zu 400 l Wasser abgeben, das sie mit den Wurzeln aufgenommen hat und aus zahlreichen mikroskopisch kleinen Spaltöffnungen der Blätter ausscheidet.

14
Leben durch Sonne

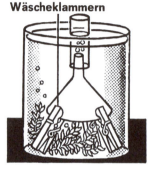

Fülle ein Einmachglas mit frischem Wasser und lege einige Triebe von Wasserpest hinein. Steht das Glas im Sonnenlicht, steigen sofort kleine Gasbläschen auf. Stülpe einen Trichter, auf den du ein wassergefülltes Glasröhrchen gesteckt hast, über die Pflanzen. Das Gas, das die Pflanze absondert, füllt jetzt langsam das Röhrchen.
Pflanzen brauchen Sonne. Mit ihrer Hilfe bilden sie im Blattgrün aus Wasser und Kohlensäure ihren Aufbaustoff, die Stärke. Sie scheiden dabei Sauerstoff aus.
Im Glasröhrchen hat sich tatsächlich Sauerstoff gesammelt. Nimmst du es ab und hältst einen glimmenden Holzspan hinein, so flammt er hell auf. Sauerstoff ist für jede Verbrennung nötig.

15
Zweifarbige Blüte

Verdünne rote und grüne Füllhaltertinte (keine Ausziehtusche) mit etwas Wasser und fülle damit je ein Glasröhrchen. Stelle die Röhrchen in ein Trinkglas. Spalte den Stängel einer Blume mit weißer Blüte, zum Beispiel einer Dahlie, Rose oder Nelke, und stecke je ein Stängelende in ein Röhrchen. Bald färben sich die feinen Stränge der Pflanze, bis nach einigen Stunden die Blüte zur Hälfte rot und zur Hälfte grün ist.
Die Farbflüssigkeit steigt durch die haarfeinen Kanäle des Leitgewebes, in denen sonst das Wasser und die Nährstoffe von den Wurzeln her befördert werden, nach oben. In den Blütenblättern lagern sich die Farbstoffe ab, während der größte Teil des Wassers durch Poren wieder ausgeschieden wird.

16
Gerüst eines Espenblattes

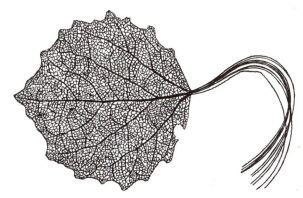

Während das abgefallene Laub der meisten Baumarten schon nach einem Jahr ziemlich verrottet ist, werden von den Blättern der Zitterpappel (Espe) nur die weichen Zellen der Blattflächen zersetzt. Das verholzte Blattgerüst mit seinen haarfeinen Äderchen bleibt dagegen meist vollständig erhalten, selbst wenn das Blatt lange auf nassem Boden gelegen hat. Auch die Leitungsbahnen des Blattstiels, durch die vorher Wasser und Nährstoffe transportiert wurden, sind unversehrt. Ihre noch jetzt spürbare Elastizität gab dem noch am Baum haftenden Stiel die Federkraft eines feinen Stahldrahtes, die das Zittern des Blattes im leichten Wind bewirkte.

Chemie

17
Geheimtinte

Wenn du eine geheime Botschaft zu Papier bringen willst, nimm einfach Zitronensaft oder Essig als Geheimtinte und schreibe damit wie gewöhnlich auf weißes Schreibpapier. Nach dem Trocknen ist die Schrift unsichtbar. Der Empfänger der Nachricht muss wissen, dass er das Papier vorsichtig über eine Kerzenflamme zu halten hat. Durch die Erwärmung wird die Schrift braun und klar lesbar.
Zitronensaft oder Essig bewirken, dass sich das beschriebene Papier in einer chemischen Reaktion zu einem Stoff verändert, der dem Cellophan ähnlich ist. Da dessen Entzündungstemperatur niedriger ist als die des Papiers, versengen die beschriebenen Stellen zuerst und die geheime Botschaft wird sichtbar.

18
Tinte aus Eichenholz

An der Außenseite eines Wassertrogs aus Eiche, an dem Eisenbeschläge befestigt sind, hat sich das Holz schwarzblau verfärbt.
Es sieht ganz so aus, als habe jemand Tinte darauf gegossen. Woher kommt das? Tatsächlich handelt es sich hier um Tinte, die sich in der Feuchtigkeit aus der Gerbsäure des Eichenholzes und dem Eisen gebildet hat. Früher wurde Schreibtinte aus Eisenpulver und Eichengallen hergestellt, die besonders reich an Gerbsäure sind.
Experiment: Schneidest du einen noch grünen Gallapfel, den du auf einem Eichenblatt findest, mit einem nicht rostfreien Messer auf, färbt sich die Klinge in kurzer Zeit blau.

19
Abziehbilder

Fotos und Zeichnungen aus Zeitungen lassen sich leicht kopieren. Mische zwei Löffel Wasser, einen Löffel Terpentin und einen Löffel Spülmittel und tupfe diese Flüssigkeit mit einem Schwamm auf das Zeitungsblatt. Darüber legst du Schreibpapier. Reibst du nun kräftig mit einem Löffel über das Papier, überträgt sich das Bild klar darauf.
Terpentin und Spülmittel vermischt bilden eine Emulsion, die zwischen die Farb- und Ölteilchen der eingetrockneten Druckfarbe dringt und sie wieder flüssig macht. Allerdings lässt sich nur Druckfarbe von Zeitungen auflösen. Die glänzenden Bilder der Illustrierten hingegen enthalten zu viel Lack, der nur schwer löslich ist.

20
Farbenzauberei

Übergieße in einer Tasse ein fein zerschnittenes Rotkohlblatt mit kochendem Wasser und gieße nach einer halben Stunde die violette Flüssigkeit, die sich gebildet hat, in ein Glas ab. Fülle nun drei Schnapsgläser zur Hälfte mit Wasser, gib aber in Glas 2 etwas weißen Essig und in Glas 3 ein wenig Natron dazu. Das scheinbar klare Wasser in den Gläsern verfärbt sich unterschiedlich, wenn man in jedes ein wenig Rotkohlwasser dazugießt. In Glas 1 wird das Wasser violett, in Glas 2 wird es rot und in Glas 3 grün. Der violette Farbstoff des Kohls ist ein Indikator. Mit Indikatoren können chemische Reaktionen beobachtet werden. Wie ein Erkennungsfarbstoff in der Chemie zeigt der Indikator hier an, dass die erste Flüssigkeit neutral, die zweite sauer und die dritte basisch reagiert.

21
Brennender Zucker

Lege ein Stück Würfelzucker auf einen Blechdeckel und versuche es anzuzünden. Dies gelingt nicht. Betupfst du aber eine Ecke des Zuckerstücks mit einer Spur Zigarettenasche und bringst ein brennendes Streichholz an diese Stelle, beginnt der Zucker bei blauer Flamme zu brennen, bis er ganz verschmort ist.

Obwohl man Zigarettenasche und Zucker einzeln nicht anzünden kann, löst die Asche den Verbrennungsprozess des Zuckers aus. Man bezeichnet einen Stoff, der eine chemische Reaktion bewirkt, ohne dass er dabei selbst umgewandelt wird, als Katalysator.

22
Gasleitung

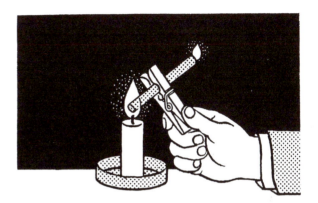

Rolle über einem Bleistift ein etwa 10 cm langes Röhrchen aus dünnem Blech und halte es mit einem Ende in die Mitte einer Kerzenflamme. Bringst du ein brennendes Streichholz an das andere Röhrchenende, entzündet sich dort eine zweite Flamme.

Wie alle festen und flüssigen Brennstoffe entwickelt das Wachs der Kerze beim Erhitzen brennbare Gase, die sich im Inneren der Flamme nah am Docht sammeln. Sie verbrennen zusammen mit dem Sauerstoff der Luft in der Außenschicht und in der Spitze der Flamme. Die unverbrannten Dämpfe aus der Mitte lassen sich durch das Rohr ableiten.

23
Brennendes Eisen

Hättest du gedacht, dass Eisen auch mit einer Flamme verbrennen kann? Wickle etwas feine Stahlwolle um ein Holzstäbchen und halte sie in eine Kerzenflamme. Das Metall beginnt lichterloh zu brennen und wie eine Wunderkerze Funken zu sprühen.
Die Oxidation erfolgt hier sehr rasch. Das Eisen verbindet sich mit dem Sauerstoff der Luft zu Eisenoxid. Dabei entsteht eine Temperatur, die über dem Schmelzpunkt des Eisens liegt.
Wegen der herabfallenden Tröpfchen von Eisenoxid ist es unbedingt ratsam, den Versuch in einem Spülbecken auszuführen.

24
Verbrennung ohne Flamme

Drücke eine Hand voll feine Stahlwolle fest in ein Trinkglas und feuchte sie an. Stülpe das Glas über einen Teller mit Wasser. Zunächst verhindert die Luft im Glas ein Eindringen der Flüssigkeit. Doch bald wird der Wasserstand im Teller geringer, während er im Glas steigt. Da die Luft zu etwa einem Fünftel aus Sauerstoff besteht, steigt das Wasser im Glas, bis es nach Stunden ein Fünftel des Rauminhaltes füllt. Übrigens wird bei dem Vorgang unmerklich Wärme frei.
Die Stahlwolle beginnt nach dem Befeuchten zu rosten, da sich das Eisen mit dem Sauerstoff der Luft verbindet. Man nennt diesen Vorgang Oxidation. (Nicht rostende Stahlwolle ist für diesen Versuch ungeeignet.)

25
Feuerlöscher

Stelle einen kleinen Kerzenstummel in ein Trinkglas und zünde ihn an. Gib in ein zweites Glas einen Teelöffel doppeltkohlensaures Natron und übergieße es mit etwas Essig. Das weiße Pulver beginnt zu schäumen, ein Zeichen dafür, dass ein Gas entweicht. Neigst du nun das Glas mit dem Schaum leicht über die Kerze, erlischt die Flamme.
Bei dem chemischen Vorgang entweicht das unsichtbare Gas Kohlendioxid. Es ist schwerer als das Luftgemisch und füllt deshalb beim Kippen das untere Glas. Da es außerdem unbrennbar ist, erstickt es die Flamme. Feuerlöscher funktionieren ähnlich: Der ausgespritzte Schaum besteht aus Bläschen, die Kohlendioxid enthalten. Sie umgeben die Flammen und verhindern die weitere Sauerstoffzufuhr. Das Feuer erstickt.

26
Fernzündung

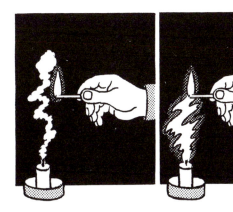

Zünde eine Kerze an, lasse sie eine Weile brennen und puste sie wieder aus. Vom Docht steigt ein weißer Dampf auf. Hältst du ein brennendes Streichholz oben in die Wolke, schießt eine Stichflamme zum Docht herab und entzündet ihn wieder.
Nach dem Auspusten der Flamme ist das Wachs der Kerze noch so stark erhitzt, dass es sich weiter in Form von Dampf verflüchtigt. Dieser ist brennbar und wird von einer offenen Flamme sofort wieder entzündet. Der Versuch zeigt, dass feste Stoffe an ihrer Oberfläche erst gasförmig werden, bevor sie unter Zufuhr von Sauerstoff verbrennen.

Geheimnisvolle Kreise

Elektrischer Strom

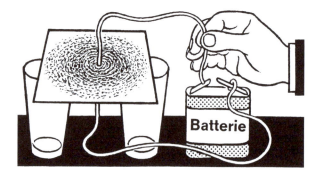

Stecke ein Stück Kupferdraht durch ein waagerecht gelegtes Stück Pappe und schließe die Enden des Drahtes an eine Batterie an. Streue von einem Stück Eisen abgefeilte Späne auf die Pappe und tippe leicht mit dem Finger dagegen. Die Eisenteilchen ordnen sich zu Kreisen um den Draht.

Wird ein Draht oder ein anderer Leiter von Gleichstrom durchflossen, so bildet sich um ihn herum ein magnetisches Feld. Mit Wechselstrom, bei dem sich die Stromrichtung in schneller Folge ändert, würde der Versuch nicht klappen, weil sich auch das magnetische Feld ständig umformt.

28
Kartoffelbatterie

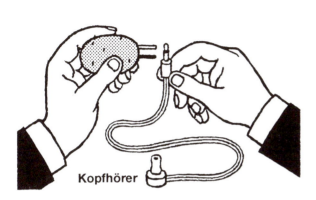
Kopfhörer

Stecke je einen fingerlangen Kupfer- und Zinkdraht in eine rohe Kartoffel. Hältst du einen Kopfhörer an die Drähte, lässt sich in ihm deutlich ein Knacken vernehmen. Das Geräusch wird durch elektrischen Strom hervorgerufen. Ähnlich wie eine Taschenlampenbatterie erzeugen Kartoffel und Drähte elektrischen Strom, wenn auch nur sehr schwachen. In einem chemischen Vorgang wirkt der Saft der Kartoffel auf die Metalle ein. Dabei entsteht auch elektrische Energie. Man spricht von einem galvanischen Element, weil der italienische Arzt Galvani 1789 als Erster diesen Vorgang bei einem Experiment beobachtet hat.

29
Strom aus Metallen

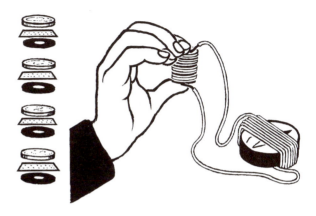

Lege mehrere blank geputzte Zweicentstücke und gleich große Zinkscheiben abwechselnd übereinander, wobei du zwischen jedes Paar ein Stückchen Löschpapier, das in Salzwasser getränkt wurde, einfügst. Elektrische Energie wird frei, die du nachweisen kannst.
Wickle dünnen Kupferlackdraht etwa 50-mal um einen Kompass und halte je ein blankes Drahtende an die letzte Münze und Zinkscheibe. Der Strom bewirkt ein Ausschlagen der Magnetnadel.
Die Salzlösung greift die Metalle chemisch an. Als Folge fließt durch den Draht elektrischer Strom, der wiederum auf die Kompassnadel magnetisch einwirkt.

30
Elektromagnet

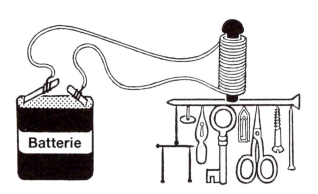

Wickle um einen fingerlangen Eisenbolzen eine Lage Klebefilm und darauf 1 bis 2 m isolierten dünnen Kupferdraht. Verbinde die blanken Drahtenden mit einer Batterie. Jetzt kann der Bolzen Gegenstände aus Eisen anziehen.
Der Strom erzeugt in der Spule ein magnetisches Kraftfeld. Die winzigen Magnetteilchen im Eisen ordnen sich, wodurch das Eisen einen magnetischen Nord- und Südpol erhält.
Besteht der Bolzen aus weichem Eisen, verliert sich der Magnetismus nach dem Abschalten des Stroms. Ist er aber aus Stahl, behält er seine magnetische Kraft. Man kann auf diese Weise Gegenstände aus Stahl magnetisch machen.

31
Morseapparat

Nagle an das Brett A (10 x 10 cm) das Brett B und die Klötzchen C und D. Stecke einen 4 cm langen Eisenbolzen F durch das Bohrloch von B. Wickle um den Bolzen 100-mal Kupferdraht G. Die Drahtenden schließt du an die Batterie bzw. an H an. Durchbohre Klotz C und keile dort ein Laubsägeblatt H fest ein, sodass dessen Ende in 2 mm Abstand vom Bolzen F lagert. Einen langen Nagel K schlägst du durch das Brett A und biegst ihn so um, dass die Spitze das Sägeblatt in der Mitte berührt. Öle die Nagelspitze. Als Taste dient eine Leiste E mit der Gummischlinge P als Federung und Reißstifte M und N als Kontakte. Mit Klingeldraht (entferne die Isolierung!) verbindest du alle Teile.
Drückst du auf die Taste, schließt sich der Stromkreis, Bolzen F wird magnetisch und zieht das Sägeblatt H an. In diesem Augenblick wird bei K der Stromkreis unterbrochen und der Bolzen verliert die magnetische Kraft. H schnellt zurück und schließt den Stromkreis von neuem. Dieser Vorgang wiederholt sich so schnell, dass das Sägeblatt vibriert und ein kräftiges Summen erzeugt. Willst du über zwei Apparate das Morsealphabet durchgeben, musst du drei Leitungen nach der unteren Schaltskizze verlegen.

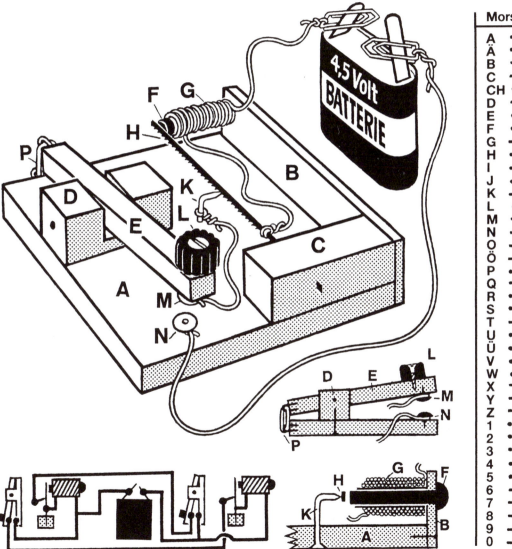

32
Grafitleiter

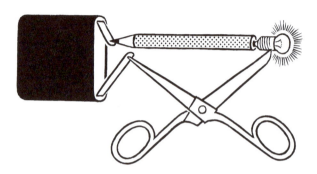

Verbinde eine Taschenlampenbirne mit einer Batterie, indem du mit einer Schere und einem Bleistift die Kontakte herstellst. Die Birne leuchtet hell auf.
Von der langen Zunge der Batterie, dem Minuspol, fließt der Strom durch das Metall der Schere zum Lämpchen. Die Elektronen, kleinste elektrische Teilchen, zwängen sich durch den feinen Glühdraht, bringen ihn dadurch zum Glühen und fließen durch die Grafitmine zur kurzen Zunge, dem Pluspol der Batterie. Grafit leitet gut; selbst durch einen Bleistiftstrich auf dem Papier fließt noch so viel Strom, dass du im Kopfhörer Geräusche wahrnehmen kannst.

33
Mini-Mikrofon

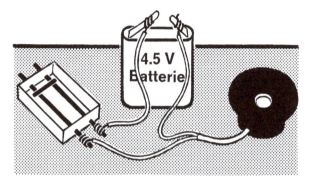

Stecke durch die Querwände einer Zündholzschachtel dicht über dem Boden zwei Bleistiftminen. Lege quer darüber eine kürzere Mine. Schabe alle Minen oben ab. Schließe am Mikrofon Klingeldraht an und verbinde es mit einer Batterie und einem Kopfhörer im Nachbarzimmer. (Du kannst auch den Kopfhörer von einem Transistorradio verwenden). Halte die Schachtel waagerecht und sprich hinein. In der Muschel hört man deutlich deine Worte. Der Strom fließt durch die Grafitstifte. Spricht man in die Schachtel, vibriert ihr Boden. Dadurch verändert sich der Druck zwischen den Minen, und der Strom fließt unregelmäßig. Die Stromschwankungen verursachen Schallschwingungen im Kopfhörer.

34
Magnetische Ablenkung

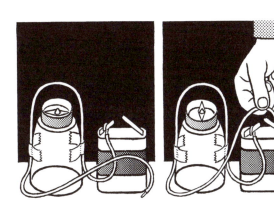

Befestige mit Klebefilm dünnen Leitungsdraht bogenförmig über einem umgestülpten Glas und lege unter den Drahtbogen einen Kompass. Drehe das Glas, bis die Magnetnadel parallel zum Draht steht. Schließt du die Drahtenden an eine Batterie an, stellt sich die Nadel quer zum Drahtbogen.
Um den vom Strom durchflossenen Draht verlaufen magnetische Kraftlinien. Es bildet sich auf der einen Seite des Bogens ein magnetischer Nordpol, auf der anderen Seite ein Südpol. Ändert man die Stromrichtung, vertauschen die Pole ihre Lage. Die Magnetnadel des Kompasses stellt sich jeweils in Richtung der Feldlinien ein.

35
Stromkreis am Fahrrad

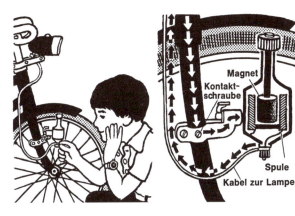

Ein Junge wundert sich, warum von seinem Fahrraddynamo nur ein Draht zur Lampe führt; eigentlich müssten doch zwei Leitungen da sein, damit der Stromkreis geschlossen ist.
Im Inneren eines Dynamos, der während der Fahrt in Betrieb ist, rotiert ein Dauermagnet in der Mitte einer Kupferdrahtspule. Dabei ruft die magnetische Kraft in den Wicklungen der Spule eine elektrische Spannung hervor. Es fließt Strom durch den Draht zur Lampe, durch den Glühfaden der Birne, dann durch das Lampengehäuse, die Fahrradgabel und die Metallhülse des Dynamos zurück zur Spule. Von großer Wichtigkeit ist die kleine Kontaktschraube im Dynamohalter: Sie ist durch die isolierende Lackschicht ins Metall der Gabel gebohrt und schließt den Stromkreis.

Statische Elektrizität

36
Geladene Luftballons

Blase Luftballons auf, verschließe sie mit einem Knoten und reibe sie dann eine Weile an deinem Wollpullover. Hältst du sie an die Zimmerdecke, bleiben sie dort stundenlang haften.

Durch die Reibung werden die Ballons elektrisch aufgeladen, das heißt, sie nehmen aus dem Pullover kleinste negative Teilchen auf, die so genannten Elektronen. Die geladenen Ballons haften an der Decke, weil sich ihre negative Ladung und die positive Ladung der Decke gegenseitig anziehen. Die Elektronen wandern in die Decke, bis sich die Ladungen ausgleichen. Da die Decke schlecht leitet, kann es bei trockener, warmer Zimmerluft mehrere Stunden dauern, bis die Ballons herabschweben.

37
Anziehung und Abstoßung

38
Schießende Körner

Blase zwei Luftballons auf und reibe sie kräftig an deinem Wollpullover. Lässt du sie dann an Fäden herabhängen, schweben sie weit voneinander entfernt.
Durch die Reibung haben die beiden Ballons dem Pullover Elektronen entzogen und sich damit negativ aufgeladen. Da sich gleiche Ladungen abstoßen, streben die Ballons auseinander. Der Pullover aber hat jetzt, da er Elektronen abgegeben hat, eine positive Ladung. Negative und positive Ladungen ziehen einander an, folglich haften die beiden Ballons an deinem Wollpullover.

Lade einen Eierlöffel aus Kunststoff mit einem Wolltuch elektrisch auf und halte ihn über einen Teller mit Puffreis. Die Körner springen hoch und bleiben am Löffel hängen. Doch plötzlich schießen sie wie wild nach allen Seiten fort.
Die Puffreiskörner werden vom elektrisch geladenen Löffel angezogen und haften eine Weile an ihm. Dabei wandert ein Teil der Elektronen vom Löffel in den Puffreis, bis alle Körner und der Löffel die gleiche Ladung haben. Da aber gleiche elektrische Ladungen einander abstoßen, kommt dieses eigenartige Schauspiel zu Stande.

39
Wasserbogen

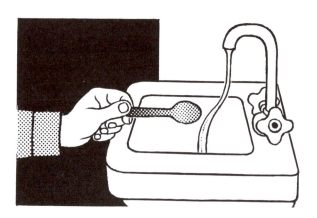

Reibe einen Plastiklöffel mit einem Wolltuch. Drehe den Wasserhahn leicht auf und bringe den Löffel nah an den feinen Wasserstrahl heran. Siehe da – er wird im Bogen abgelenkt und zum Löffel hingezogen.
Die elektrostatische Ladung übt auf die ungeladenen Wasserteilchen eine Anziehung aus. Kommt das Wasser jedoch mit dem Löffel in Berührung, ist der Zauber sofort vorbei.
Das Wasser leitet Elektrizität und entzieht dem Löffel die Ladung. Auch die winzigen in der Luft schwebenden Wasserteilchen nehmen Elektrizität auf. Daher gelingen Versuche mit statischer Elektrizität besonders gut an klaren, frostigen Tagen und in zentralgeheizten Räumen.

40
Pfeffer und Salz

Streue ein wenig grobkörniges Salz auf den Tisch und mische etwas gemahlenen Pfeffer dazu. Wie lassen sich die beiden Stoffe am einfachsten voneinander trennen? Reibe einen Plastiklöffel kräftig mit einem Wolltuch und nähere ihn dem kleinen Hügel. Die Pfefferkörnchen springen sofort zum Löffel hoch und bleiben daran haften.
Durch die Reibung mit dem Wolltuch wird der Plastiklöffel elektrostatisch aufgeladen und übt auf die ungeladenen Körnchen eine Anziehung aus. Da der Pfeffer leichter ist als Salz, springt er zuerst zum Löffel hoch. Um auch die Salzkörnchen aufzufangen, musst du den Löffel etwas tiefer halten.

41
Elektrische Schlange

Schneide aus Seidenpapier mit einer Größe von etwa 10 x 10 cm eine spiralförmige Schlange aus, lege sie auf einen Blechdeckel und biege ihren Kopf hoch. Reibe einen Füllhalter kräftig mit einem Wolltuch und halte ihn über die Schlange. Sie richtet sich wie ein lebendes Reptil auf und schnappt immer wieder zu.

In diesem Fall hat der Füllhalter aus dem Wolltuch Elektronen aufgenommen und zieht das ungeladene Papier an. Bei jeder weiteren Berührung nimmt es erneut einen Teil der Elektrizität auf, gibt sie aber sofort an den gut leitenden Blechdeckel ab. Das dadurch ungeladene Papier wird von neuem angezogen, bis der Füllhalter schließlich seine Ladung verliert.

42
Elektrische Flöhe

Reibe eine ausgediente Langspielplatte eine Weile mit einem Wolltuch und lege sie auf ein Glasgefäß. Forme aus Alufolie erbsengroße Kugeln und wirf sie auf die Platte. Ein interessantes Spiel mit statischer Elektrizität beginnt: Die Kugeln springen im Zickzack auseinander. Bewegt man sie aufeinander zu, ziehen sie sich zuerst an, hüpfen dann aber wie wild fort. Die bei der Reibung mit dem Wolltuch aufgenommene elektrische Ladung verteilt sich in unregelmäßigen Feldern auf der Platte. Die einzelnen Alukugeln nehmen die Ladung auf und werden abgestoßen. Von Feldern mit unterschiedlicher Ladung werden sie aber wieder angezogen. Begegnen sich Kugeln mit gleicher Ladung, stoßen sie sich ebenfalls gegenseitig ab.

43
Einfaches Elektroskop

Durchbohre den Deckel eines Marmeladenglases, stecke einen hakenförmig gebogenen Kupferdraht hindurch und isoliere ihn vom Deckel durch Siegellack. Über den Haken hängst du einen gefalteten Streifen Alufolie. Bringst du nun einen durch Reibung an einem Wolltuch elektrisch geladenen Füllhalter oder Kamm an den Draht, spreizen sich die Streifen auseinander.
Bei der Berührung mit einem aufgeladenen Gegenstand fließen die Elektronen durch den Draht in die Streifenenden. Beide Streifen haben jetzt die gleiche Ladung und stoßen einander je nach Ladungsstärke mehr oder weniger stark ab.

44
Elektrisches Ballspiel

Befestige eine aus Alufolie geformte Fußballspielerfigur am Rand einer ausgedienten Schallplatte. Reibe diese kräftig mit einem Wolltuch und lege sie dann auf ein trockenes Glas. Stelle etwa 5 cm vor der Figur eine Blechbüchse auf. Hältst du nun einen kleinen Ball aus Aluminiumfolie an einem Faden dazwischen, schießt er mehrmals von der Figur zur Dose und zurück.
Die elektrische Ladung der Schallplatte fließt in die Aluminiumfolie der Figur und zieht den Ball an. Er lädt sich auf, wird jedoch wegen der gleichen Ladung sofort abgestoßen, springt zur Dose und verliert dort seine Elektrizität. Dieser Vorgang wiederholt sich mehrmals in rascher Folge.

45
Harmlose Hochspannung

Lege den Blechboden einer Springform auf ein trockenes Glas. Reibe einen aufgeblasenen Luftballon kräftig an einem Wollpullover und lege ihn auf das Blech. Näherst du einen Finger dem Blechrand, springt ein winziger Blitz über.
Zwischen Metall und Finger kommt es zum Spannungsausgleich. Obwohl sich der Blitz mit einigen tausend Volt Spannung entlädt, ist er ebenso ungefährlich wie die Funken, die beim Kämmen der Haare entstehen. Ein amerikanischer Wissenschaftler stellte fest, dass man das Fell einer Katze 9 200 000 000-mal streicheln müsste, um mit der gewonnenen Strommenge eine 75-Watt-Birne eine Minute lang brennen zu lassen.

46
Kleiner Blitz

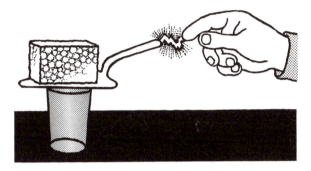

Lege auf ein trockenes Glas einen Tortenheber aus Metall und darauf ein Stück Styropor, das du zuvor mit deinem Wollpullover kräftig gerieben hast. Näherst du einen Finger dem Tortenhebergriff, zuckt ein winziger Blitz. Durch das Reiben hat das Styropor aus der Wolle negative elektrische Teilchen aufgenommen. Da gleiche Ladungen einander abstoßen, sammeln sich nun die im Metall des Tortenhebers befindlichen elektrischen Teilchen in der Spitze seines Griffs. Von dort erfolgt der Spannungsausgleich zum Finger. Der Blitz hat einige tausend Volt Spannung und doch ist er wegen der sehr geringen Strommenge absolut ungefährlich.

Magnetismus

47
Magnetkraft der Erde

Halte einen Stab aus weichem Eisen schräg gegen den Boden in Richtung Norden und hämmere mehrmals auf das Eisen. Der Stab wird dadurch ein wenig magnetisch.
Die Erde ist von magnetischen Kraftlinien umgeben. Bei uns treffen sie im Winkel von 65° auf die Erde. Beeinflusst durch die magnetischen Kraftlinien der Erde richten sich die Magnetteilchen im Eisen bei Erschütterung nach Norden hin aus. Das ist übrigens auch die Erklärung für das Rätsel, warum eiserne Werkzeuge manchmal von selbst magnetisch werden. Hältst du deinen magnetisierten Stab in Ost-West-Richtung und schlägst auf ihn, verliert er die magnetische Kraft wieder.

48
Magnettest

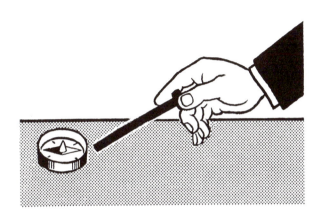

Viele Gegenstände aus Eisen oder Stahl sind magnetisch, ohne dass man es ahnt. Mit einem Kompass kannst du jeden Magnetismus aufspüren, selbst wenn er nur sehr schwach ist.
Ist nun ein Stab magnetisch, muss er genau wie die Magnetnadel einen Nord- und einen Südpol haben. Da sich zwei ungleichnamige Pole anziehen und zwei gleichnamige abstoßen, wird ein Nadelpol vom Stabende angezogen und der andere abgestoßen. Ist der Stab jedoch nicht magnetisch, richten sich beide Nadelpole in gleicher Weise auf ein Stabende aus.

49
Bewegter Bleistift

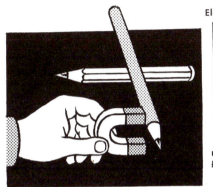

Lege einen kantigen Bleistift auf den Tisch und bringe quer über ihm einen langen, runden Bleistift ins Gleichgewicht. Näherst du der Bleistiftspitze behutsam einen starken Magneten, bewegt sie sich auf diesen zu.
Tatsächlich wird der Grafit im Bleistift vom Magneten angezogen. Die Anziehung ist hier zwar bedeutend schwächer als bei einem Gegenstand aus Eisen, aber es ist der gleiche Vorgang: Winzige Elementarmagnete im Grafit, die normalerweise wirr durcheinander liegen, werden durch das Kraftfeld des starken Magneten beeinflusst und ordnen sich. Sie richten sich zueinander aus – jeweils Nordpol zu Südpol – und werden angezogen.

39

50
Kraftlinienbild

Lege ein Blatt Zeichenkarton über einen Magneten – übrigens weißt du ja schon, wie du einen Magneten selbst herstellen kannst – und streue Eisenspäne, die beim Feilen abfallen, darauf. Klopfe leicht gegen den Karton – ein Bild entsteht.
Die Späne ordnen sich zu bogenförmigen Linien und zeigen die Richtung der magnetischen Wirkung an. Dieses Kraftlinienbild kannst du haltbar machen. Tauche den Karton in das flüssige Wachs einer Kerze und lasse es erkalten. Streue die Eisenspäne darauf. Hältst du nach der Entstehung der magnetischen Kraftlinien ein heißes Bügeleisen nahe über das Blatt, wird das Bild fixiert.

51
Wasserkompass

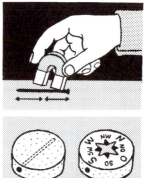
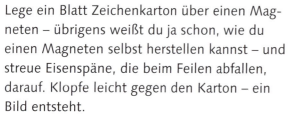

Magnetisiere einen 4 cm langen, dünnen Stahlnagel mit einem Dauermagneten, indem du jeweils eine Nagelhälfte mit einem der beiden Magnetpole reibst. Schneide eine runde Scheibe aus Styropor aus und drücke den Nagel quer durch.
Im Wasser stellt sich der Kompass stets in Nord-Süd-Richtung: Der Nagel richtet sich jedes Mal parallel zu den magnetischen Kraftlinien aus, die die Erdkugel zwischen ihren Magnetpolen umspannen. Eine Windrose, auf ein Selbstklebe-Etikett gezeichnet, macht den Kompass komplett. Du brauchst ihn jetzt nur noch auf das Wasser zu legen.

52
Magnetische Enten

Schneide aus Papier zwei Enten aus und stecke in jede eine magnetisierte Stahlstecknadel. Setze die Figuren auf Korkscheiben in einen Teller mit Wasser. Nach anfänglichen bogenförmigen Bewegungen stellen sie sich dann mit den Schnäbeln oder den Schwanzspitzen zueinander in Nord-Süd-Richtung.
Die Enten nähern sich gegenseitig entlang den magnetischen Feldlinien. Ihre Bewegung wird durch verschiedene Kräfte verursacht: die Anziehung der ungleichnamigen Magnetpole, die abstoßende Wirkung gleichnamiger Magnetpole und der Erdmagnetismus. Setze die Magnete so ein, dass in den Schnäbeln zwei einander anziehende Pole stecken.

53
Neigung zum Pol

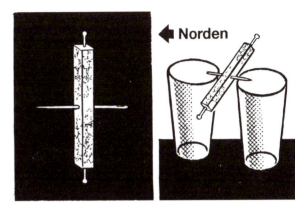

Magnetisiere zwei Stahlstecknadeln, sodass sich ihre Spitzen anziehen. Stecke sie in die Enden eines bleistiftdicken, etwa 10 cm langen Stücks Styropor. Bringe dieses auf einer Nähnadel über zwei Gläsern in ein vollkommenes Gleichgewicht. Stellst du diesen Kompass in Nord-Süd-Richtung, bleibt er schräg nach Norden zum Erdboden geneigt stehen.
Der Kompass stellt sich parallel zu den magnetischen Kraftlinien, die die Erde durch das Weltall von Pol zu Pol umspannen. Die Abweichung von der Waagerechten nennt man „Inklination". Sie beträgt bei uns 65°. An den magnetischen Polen der Erde würde der Kompass senkrecht stehen. Die Inklination beträgt dort 90°.

41

Luft

54
Taucherglocke

Du kannst ein Taschentuch unter Wasser tauchen, ohne dass es nass wird. Stopfe das Tuch fest in einen Glasbecher und bringe diesen mit der Öffnung nach unten ins Wasser. Luft ist zwar unsichtbar, aber sie besteht doch aus kleinsten Teilchen. Im umgestülpten Glas ist also auch Luft eingeschlossen und sie verhindert, dass das Wasser eindringt. Wenn man das Glas allerdings tiefer eintaucht, stellt man fest, dass doch etwas Wasser in das Glas gelangt. Der steigende Wasserdruck presst die Luft im Glas ein wenig zusammen. Taucherglocken und Senkkästen für Arbeiten unter Wasser funktionieren nach dem gleichen einfachen Prinzip.

55
Luftblockade

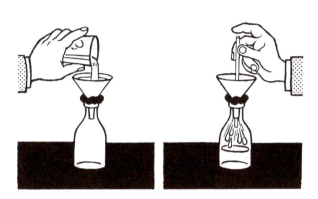

Stecke einen Trichter mit nicht zu weiter Tülle in die Öffnung einer Flasche und dichte diese ringsum mit Knetgummi luftdicht ab. Gießt du Wasser in den Trichter, läuft es nicht in die Flasche.

Die in der Flasche eingeschlossene Luft verhindert das Einfließen des Wassers. Andererseits lassen die durch die Oberflächenspannung hautartig verdichteten Wasserteilchen vor der Trichtermündung keine Luft ausströmen. Halte ein Ende eines Strohhalms mit dem Finger zu und stecke das andere Ende durch den Trichter. Hebst du nun den Finger, fließt das Wasser sofort in die Flasche. Die Luft kann jetzt durch den Strohhalm entweichen.

56
Luftlast auf dem Papier

Lege einen Zigarrenkistendeckel der Länge nach über die Kante einer ebenen Tischplatte. Breite einen unbeschädigten Bogen Zeitungspapier darüber, glätte ihn und drücke ihn fest an das Brett und die Tischplatte. Schlage kräftig mit der Faust auf den überstehenden Deckel. Er bricht ab, ohne dass das Papier hochschnellt.

Beim Schlag wird das Brett nur leicht verkantet. In den Raum, der sich zwischen Brett, Zeitung und Tischplatte bildet, kann die Luft nicht schnell genug nachströmen. Dadurch entsteht hier ein Unterdruck und der normale Luftdruck von oben hält das Brett wie in einer Schraubzwinge fest.

57
Windbogen

Wenn man bei Wind hinter einer Plakatsäule steht, merkt man, dass sie keinen Windschutz bietet. Ein entzündetes Streichholz verlischt. Ein kleiner Versuch zu Hause bestätigt dir das: Stelle vor eine brennende Kerze eine Weinflasche und puste einmal kräftig dagegen. Die Flamme geht sofort aus.
Der Luftstrom teilt sich beim Auftreffen auf die Flasche, schmiegt sich an ihre Rundung und vereinigt sich wieder mit kaum verminderter Stärke hinter ihr. Es entstehen Luftwirbel, die auf die Flamme treffen. Wenn man die Kerze hinter zwei Flaschen aufstellt, muss man etwas stärker pusten, um ihre Flamme auszulöschen.

58
Bernoullis Gesetz

Lege eine der Länge nach gebogene Postkarte auf den Tisch. Du glaubst sicherlich, die Karte leicht umwenden zu können, wenn du kräftig darunter pustest. Probiere es! Wie sehr du dich auch anstrengst, die Karte hebt sich nicht vom Tisch. Im Gegenteil, sie schmiegt sich fester an die Platte.
Im Luftstrom unter der Karte entsteht ein Unterdruck und der normale Luftdruck presst die Karte von oben auf die Unterlage. Daniel Bernoulli, ein Schweizer Wissenschaftler des 18. Jahrhunderts, hatte festgestellt, dass der Druck eines Gases bei zunehmender Geschwindigkeit geringer wird. Heute sind seine Erkenntnisse vor allem bei der Konstruktion von schnellen Autos von Bedeutung.

59
Gefangener Ball

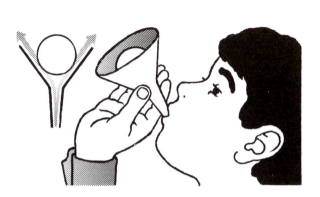

Lege einen Tischtennisball in einen Küchentrichter, halte ihn mit der Öffnung schräg nach oben und puste kräftig durch die Tülle. Es ist kaum zu glauben, aber niemand schafft es, den Ball aus dem Trichter zu blasen.
Der Luftstrom prallt nicht, wie man annehmen könnte, mit voller Wucht gegen den Ball, sondern teilt sich und zwängt sich seitlich hindurch, dort, wo der Ball den Trichter berührt. Da hier die gepustete Luft erhöhte Geschwindigkeit hat, vermindert sich in ihr der Luftdruck, und die von außen wirkende Luft mit normalem Druck presst den Ball in den Trichter.

60
Spannkraft der Luft

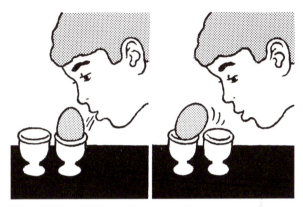

Stelle zwei Eierbecher aus Porzellan direkt hintereinander auf und stecke in den vorderen ein Hühnerei. Hole nun tief Luft und blase kräftig ziemlich senkrecht auf den Rand des gefüllten Bechers. Das Ei schießt empor und kippt kopfüber in den hinteren Becher.
Da die Eierschale meist etwas rau und der Porzellanrand selten genau kreisrund ist, bleibt da ein Spalt, durch den die Luft in den Hohlraum unter dem Ei strömen kann. Dort wird sie zusammengepresst und wenn ihre Spannkraft groß genug ist, wird das Ei – einem Luftkissenfahrzeug ähnlich – emporgehoben.

61
Flaschenbarometer

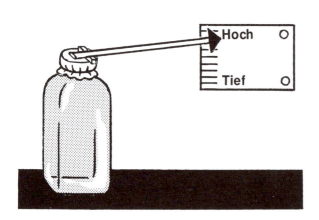

Spanne über die Öffnung einer Sprudelflasche ein Stück Luftballonhaut, klebe einen Strohhalm darauf und klemme unter den Halm ein Streichholz. Ein Barometer ist fertig. Stelle es an einen schattigen Platz mit gleich bleibender Temperatur und befestige eine Skala daran. Mit dem täglich wechselnden Luftdruck bewegt sich das Strohhalmende auf und ab. Wird der Luftdruck bei schönem Wetter stärker, presst er die Gummihaut nach innen und das Zeigerende hebt sich. Nimmt der Luftdruck ab, lässt der Druck auf die Gummihaut nach, der Zeiger fällt. Ganz ähnlich wird bei einem Barometer die Bewegung der Membrane in einer luftleeren Dose über Hebel und Rädchen auf einen Zeiger übertragen.

62
Ballon in der Flasche

Glaubst du, dass es dir in jedem Fall gelingt, einen gewöhnlichen Luftballon voll aufzublasen? Du wirst dich wundern: Stecke einen Luftballon in eine Flasche und spanne sein Mundstück über die Flaschenöffnung. Puste kräftig in den Ballon. Es gelingt dir lediglich, die Ballonhaut zu straffen, dann ist deine Atemkraft am Ende.
In demselben Maße wie sich der Druck der Luft im Ballon steigert, wächst der Gegendruck der in der Flasche eingeschlossenen Luft. Er ist sehr rasch so groß, dass die Atemmuskeln in deinem Brustkorb nicht stark genug sind, ihn zu überwinden. Luft ist ein Gasgemisch und jedes Gas hat einen Eigendruck, weil die Gasmoleküle gegeneinander stoßen.

63
Schuss nach hinten

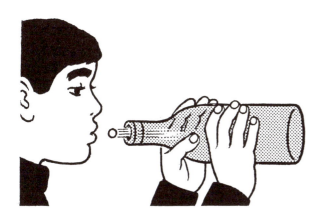

Halte eine leere Flasche waagerecht und lege ein kleines Papierkügelchen in die Flaschenöffnung. Versuche die Kugel durch Pusten in die Flasche zu befördern. Das Papierkügelchen fliegt statt in den Bauch der Flasche mitten in dein Gesicht.
Durch das Pusten entsteht in der Flasche ein erhöhter Luftdruck und gleichzeitig bildet sich vor dem Flaschenhals ein Unterdruck. Es kommt zum Druckausgleich, wobei das Kügelchen wie aus einem Luftgewehr herausgetrieben wird.

64
Münze als Ventil

Hole eine leere Weinflasche, die im Kühlschrank gestanden hat, und benetze den Rand der Öffnung mit Wasser. Lege dann eine Münze darauf und umfasse mit beiden Händen den Flaschenbauch. Klappernd bewegt sich die Münze eine Zeit lang auf und ab. Die kühle Luft in der Flasche wird durch die Hände erwärmt und dehnt sich aus. Sie kann aber nicht sofort entweichen, weil das Wasser zwischen Flaschenrand und Münze den Austritt verhindert. Immer, wenn mit zunehmender Erwärmung der Luftdruck in der Flasche groß genug ist, wirkt die Münze wie ein Ventil, sie hebt sich und lässt etwas Luft herausströmen.

65
Flammen im Trichter

Zünde eine Kerze an, halte die Öffnung eines Trichters in einigem Abstand vor die Flamme und puste kräftig hindurch. Es gelingt dir nicht, die Flamme auszublasen; im Gegenteil, sie bewegt sich zum Trichter hin.

Beim Hindurchpusten vermindert sich der Luftdruck in der Trichtermitte und folglich strömt dorthin die Luft, die sich außerhalb des Trichters befindet. Die gepustete Luft wiederum streicht an der Trichterwand entlang: Hältst du den Trichter mit dem Rand direkt vor die Flamme, so erlischt sie.

Bläst man umgekehrt in die Trichteröffnung hinein, verdichtet sich die Luft in der engen Tülle und löscht beim Austritt die Flamme sofort.

66
Streichholzlift

Einige Streichhölzer, die nebeneinander auf dem Tisch liegen, sollen mit der Atemluft in die Schachtel befördert werden. Wie lässt sich das machen?

Nimm die Hülse der Schachtel zwischen die Lippen, senke sie auf die Streichhölzer und hole tief Luft! Die Hölzer haften einen Augenblick wie angeklebt an der Hülse, lassen sich anheben und forttragen.

Durch das Atemholen wird die Luft in der Hülse verdünnt. Es entsteht ein Unterdruck, und der normale Luftdruck presst die Streichhölzer von unten gegen die Öffnung. Selbst ein einzelnes Hölzchen lässt sich auf diese Weise anheben, wenn man die Luft scharf einzieht.

67
Pressluftrakete

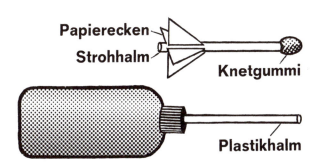

Stecke in die durchbohrte Kappe einer Weichplastikflasche einen dünnen Trinkhalm aus Plastik und dichte die Fugen mit Kleber ab. Aus einem dicken Trinkhalm, der leicht über den dünnen gleiten muss, fertigst du eine 10 cm lange Rakete. Klebe als Leitwerk bunte Papierecken an und forme die Spitze aus Knetmasse. Den Plastikhalm der Flasche schiebst du so weit in die Rakete, bis seine Spitze leicht in der Knetmasse steckt. Drückst du nun kräftig auf die Flasche, fliegt die Rakete bis zu 10 m weit.
Die in der Flasche zusammengepresste Luft drückt den Knetpfropfen vom Röhrchen und füllt dann die Rakete. Beim Abheben dehnt die Luft sich aus, entweicht durch die Düse und hat als Gegenwirkung die Bewegung der Rakete zur Folge.

68
Kreisel im Wind

Am Strand haben Kinder ein neues Spiel entdeckt: Lässt man den Deckel eines Plastikeimers bei starkem Wind über den Sand rollen, wird er vom Wind erfasst und mitunter kilometerweit abgetrieben.
Der Deckel stellt einen Kreisel dar, der beim Rotieren seine Lage beizubehalten sucht. Verlangsamt er seine Geschwindigkeit, wird die Schwerkraft stärker wirksam. Er gerät dann in Schräglage und rollt in einer Spirale weiter. Je schräger die Lage, desto enger wird der Bogen und desto mehr ist die Breitseite des Deckels dem Wind ausgesetzt. Umso stärker wird aber auch der Druck des Windes gegen die geneigte Seite: Er richtet den Deckel wieder auf und treibt ihn von neuem an, bis schließlich vielleicht ein Hindernis die Fahrt beendet.

49

Wärme, Kälte, Eis

69
Buddelthermometer

Gieße etwas gefärbtes Wasser in eine Vierkantflasche, die mit einem Korken verschlossen werden kann. Durchbohre den Korken und schiebe einen Trinkhalm so weit hindurch, dass er in die Flüssigkeit ragt. Dichte den Korken mit Klebstoff ab. Legst du deine Hand an die Flasche, steigt das Wasser im Röhrchen empor.

Die eingeschlossene Luft dehnt sich bei Erwärmung aus, weil ihre Moleküle schneller und heftiger gegeneinander prallen. Sie drückt auf den Wasserspiegel und drängt das Wasser in das Röhrchen, wobei der Wasserstand den Grad der Erwärmung anzeigt. Du kannst von einem Zimmerthermometer die Skala abzeichnen und die Zeichnung an der Flaschenwand anbringen. Dein Buddelthermometer zeigt dir nun die unterschiedlichen Wärmegrade an.

70
Doppeltes Glas

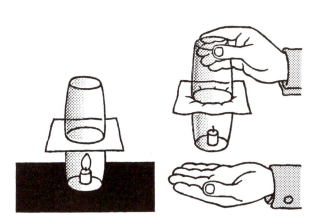

Zünde in einem leeren Wasserglas einen kleinen Kerzenstummel an, lege ein nasses Löschblatt über die Öffnung und stülpe ein zweites, gleich großes Glas darauf. Nach wenigen Sekunden erlischt die Flamme und beim Anheben haften die beiden Gläser aneinander.
Da das Löschpapier luftdurchlässig ist, brennt die Flamme so lange, bis der Sauerstoff in beiden Gläsern verbraucht ist. Dabei strömt ein Teil der Gase, die sich erhitzt und ausgedehnt haben, aus. Nach dem Verlöschen der Flamme kühlen sich die Gase rasch ab und ziehen sich zusammen. Dadurch entsteht in den Gläsern ein Unterdruck. Der Luftdruck von außen presst sie zusammen.

71
Winddetektor

Zeichne mit einem Zirkel auf festes Zeichenpapier eine 8 cm breite Scheibe, schneide sie aus, mache acht 3 cm lange Einschnitte und biege die Papiersegmente propellerförmig. Mit diesem Windrad, das du mit einer Stecknadel an einem kleinen Knopfmagneten aufhängst, kannst du die Zirkulation der Zimmerluft beobachten. Es zeigt durch seine Drehung nicht nur die aufsteigende Warmluft über der Heizung an, sondern spürt auch – mit entgegengesetzter Drehung – kühle Abwinde auf, die sich zum Beispiel vor schlecht isolierten Außenwänden bilden. Je schneller die Drehung, desto stärker der Luftzug. Dank der empfindlichen Aufhängung des Windrades am Magneten werden selbst minimale Luftbewegungen angezeigt.

51

72
Münze im Wasser

Gieße etwas Wasser in einen Teller und lege eine Münze hinein. Wie kann man sie herausholen, ohne ins Wasser zu greifen oder es auszugießen?
Stecke ein angezündetes Stück Papier in ein Trinkglas und stülpe es neben die Münze auf den Teller. Das Wasser im Glas steigt und gibt die Münze frei.
Beim Verbrennen des Papiers entweicht ein Teil der erhitzten, sich ausdehnenden Luft aus dem Glas. Aus Sauerstoffmangel erlischt die Flamme, und die Gase im Glas kühlen ab. Ihr Druck verringert sich; die Luft von außen will nachströmen und drückt das Wasser in das Glas.

73
Wind an der Wand

Wenn an einer Zimmerwand die Bilder abgehängt werden, sieht man auf der Tapete oft die dunklen Umrisse der Bilderrahmen. Wie entstehen diese Geisterrahmen, die an einer Außenwand besonders deutlich sind?
Die dunklen Flecken zeigen an, dass die betreffende Wand schlecht isoliert ist. Die von der Heizung aufsteigende und im Zimmer zirkulierende Luft kühlt sich an der Wand ab und strömt unmittelbar vor der Tapete zum Fußboden. Hinter den Bilderrahmen, wo die Wand besonders kühl ist, kommt es zur Kondensation. Die durchstreichende Luft kühlt sich so weit ab, dass sie einen Teil ihrer Feuchtigkeit abgibt. Mitgeführter Staub setzt sich an diesen Stellen ab und verursacht die dunklen Rahmen.

74
Luftkissenfahrzeug

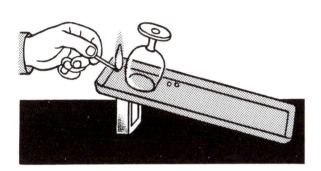

Lege ein glattes Tablett als schiefe Ebene auf eine Zündholzschachtel. Trage auf die Fläche ein wenig Wasser mit Spülmittel auf, sodass sich ein umgestülptes Trinkglas leicht herabschieben lässt. Wie kann man nun das Glas von oben nach unten in Bewegung setzen, ohne es zu berühren oder anzupusten?
Halte ein brennendes Zündholz nahe an das Glas! Die Luft im Inneren des Glases erwärmt sich und dehnt sich aus. Das Glas wird durch den gestiegenen Luftdruck angehoben und gleitet wie auf einem Luftkissen mit vermindertem Reibungswiderstand hinab.

75
Düsenboot

Lasse eine sauber ausgelöffelte Grapefruitschale einen Tag lang auf der Heizung trocknen und forme sie zu einem Schiffchen. Stecke dann zwei Drähte von aufgebogenen Büroklammern durch, stelle einen Kerzenstummel hinein und montiere ein ausgeblasenes Hühnerei auf die beiden Drähte. Klebe die vordere Spitze der Eierschale zu, fülle etwas Wasser hinein und setze das Boot in eine Wanne mit Wasser. Nachdem du die Kerze angezündet hast, kommt das Wasser im „Bootskessel" zum Kochen; ein Dampfstrahl zischt heraus. Der Dampf dehnt sich aus, entweicht mit großem Druck rückwärts durch die Düse und treibt das Boot in einer Gegenbewegung an. Nach dem Gesetz des englischen Physikers Isaac Newton (1643–1727) verursacht jede Bewegung eine Gegenbewegung.

76
Schwebende Tropfen

Lege den Blechdeckel von einer Büchse auf eine Herdplatte und erhitze ihn vorsichtig. Lässt du ein paar Wassertropfen auf das Blech fallen, erlebst du ein kleines Naturwunder: Die kugelrunden Tropfen schweben über dem Blech und sausen eine Weile wie winzige Luftkissenfahrzeuge hin und her.
Sobald die Wassertropfen den heißen Deckel berühren, beginnen sie an ihrer Unterseite zu verdampfen. Da der Dampf mit großem Druck entweicht, werden die Tropfen etwas angehoben. Es kommt zu einem Wechselspiel zwischen Schwerkraft und Dampfdruck. Wasserdampf ist ein schlechter Wärmeleiter, folglich erreichen die schwebenden Tropfen nicht die Siedetemperatur von 100 °C und können nicht auf einmal verkochen.

77
Ungleiche Wärmeleiter

Stelle in ein Teeglas einen Teelöffel aus Stahl, einen aus Silber, einen Eierlöffel aus Plastik sowie ein Rührstäbchen aus Glas. Befestige an den Stielen jeweils in gleicher Höhe mit einem kleinen Butterklecks eine trockene Erbse. In welcher Reihenfolge fallen die Erbsen ab, wenn man in das Glas heißes Wasser gießt? Die Butter am Silberlöffel schmilzt sehr schnell und lässt die Erbse zuerst los. Es folgen die Erbsen vom Stahllöffel und vom Glasstäbchen, während sich beim Plastiklöffel nichts rührt. Silber ist der weitaus beste Wärmeleiter, den es gibt, Plastik hingegen leitet Wärme kaum. Deshalb bestehen zum Beispiel die Griffe von Kochtöpfen und Bügeleisen aus Plastik.

78
Gedehntes Metall

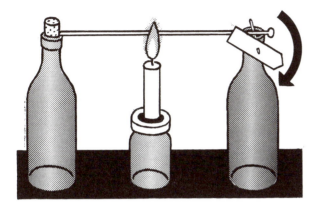

Stecke seitlich in den Korken einer Flasche eine lange Aluminium-Stricknadel und lasse ihr anderes Ende über die Öffnung einer zweiten Flasche ragen. Stecke einen Papierpfeil auf die Spitze einer Nähnadel und klemme diese zwischen Flaschenhals und Stricknadel. Stelle schließlich eine Kerze dicht unter der Mitte der Stricknadel auf. Zündest du sie an, dreht sich der Pfeil beachtlich schnell nach rechts herum.
Die Stricknadel dehnt sich infolge der Erwärmung aus, weil sich die Bewegung ihrer Aluminiumatome und deren Abstand zueinander vergrößern. Bei einer gleich langen Nadel aus Stahl wäre der Ausschlag des Pfeils geringer, denn Stahl dehnt sich durch Wärme nur halb so viel aus wie Aluminium.

79
Wärmeaufnahme und Wärmeabstrahlung

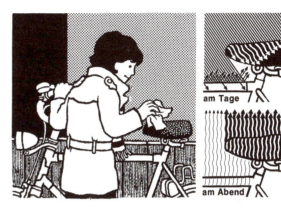

Ein Mädchen lässt sein Fahrrad an einem trockenen Tag draußen stehen. Abends stellt es fest, dass der Sattel von Tau bedeckt ist, während Rahmen und Lenker trocken sind. Wie erklärt sich das? Tagsüber nimmt der dunkle Kunststoffbezug des Sattels die Wärmestrahlen der Sonne viel schneller auf als das helle Metall. Umgekehrt strahlt der Sattel nach Sonnenuntergang die gespeicherte Wärme schneller wieder ab als das Metall. Die über den Sattel ziehende Luft kühlt sich folglich auch schneller bis zum Taupunkt ab. (Der *Taupunkt* ist die Temperatur, bei der die Luft mit Wasserdampf gesättigt ist und überschüssige Feuchtigkeit abgibt.) Tau ist ein Schönwetterzeichen: Er bildet sich bei beständigem Wetter, wenn die Wärmeabstrahlung von der Erde ins All besonders stark ist.

80
Feuer unter Wasser

Lasse einen Kerzenstummel in einem Einmachglas voll Wasser schwimmen, indem du ihn mit einem passenden Nagel so beschwerst, dass der obere Kerzenrand gerade noch aus dem Wasser ragt. Zünde den Docht an und beobachte, was passiert.
Infolge der Verbrennung des Wachses müsste die Kerze eigentlich nach kurzer Zeit untergehen – sobald das Gewicht von Kerze und Nagel größer ist als das Gewicht der verdrängten Wassermenge. Die Kerze schwimmt aber brennend weiter, denn um die Flamme herum bleibt eine hauchdünne Wachswand stehen. Im Wasser erreicht das Wachs nicht die Schmelztemperatur und kann hier nicht verdampfen und verbrennen. Es formt sich ein Trichter, der schließlich durch den Wasserdruck zerbricht.

81
Kleiner Eisberg

Lege einen Eiswürfel in ein Glas und fülle das Glas bis zum Rand mit Wasser. Der Eiswürfel schwimmt und ragt über die Oberfläche hinaus. Wird wohl das Wasser überlaufen, wenn der Eiswürfel schmilzt?
Nein, denn beim Gefrieren dehnt sich das Wasser um ein Elftel seines Rauminhalts aus. Das Eis ist daher leichter als das Wasser, schwimmt an der Wasseroberfläche und ragt über diese noch ein Stück hinaus. Beim Schmelzen verliert es die größere Ausdehnung und füllt genau den Raum, den der Eiswürfel im Wasser einnahm.
Schwimmende Eisberge, die die Schifffahrt gefährden, sind deshalb besonders heimtückisch, weil man nur ihre Spitze über dem Wasser sieht, nicht aber ihre Ausdehnung unter der Wasseroberfläche.

82
Sprengkraft des Eises

Nach jedem harten Winter kommen auf den Straßen Frostaufbrüche zum Vorschein, Beulen, über denen die Asphaltdecke zerbröckelt. Wann sind die Frostaufbrüche stärker: Bei lang anhaltendem, starkem Frost oder bei mehrmals wechselnden Frost- und Tauperioden?
Durch feine Haarrisse im Asphalt gelangt Wasser unter die Straßendecke und sammelt sich dort in Hohlräumen. Beim Gefrieren vergrößert das Wasser seinen Rauminhalt um ein Elftel und das Eis drückt die Asphaltdecke hoch. Bei Tauwetter entsteht in den vergrößerten Hohlräumen ein Elftel mehr Raum für neues Wasser, das sich bei abermaligem Gefrieren wieder um ein Elftel ausdehnt. So vergrößern sich bei jedem winterlichen Wetterwechsel die Beulen im Straßenbelag.

83
Unterschiedliche Gefrierzeiten

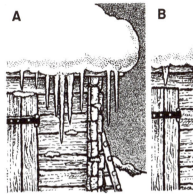 

Am schneebedeckten Dach eines Viehstalls bilden sich bei Frost Eiszapfen. Manchmal sind es lange, dünne Zapfen, dann wiederum kurze, dicke Zapfen. Wie erklärt sich dieser Unterschied? Die von den Stalltieren abgegebene gleich bleibende Körperwärme lässt auf dem Dach die unterste Schneeschicht tauen. Das Schmelzwasser ist durch die darüber liegenden Schneeschichten mit der darin eingeschlossenen Luft gegen den Frost isoliert und rieselt mit einer Temperatur von knapp über 0 °C auf den Dachpfannen hinab. Tritt es nach außen, gefriert es je nach Froststärke langsamer oder schneller. Die Tropfen, die Schicht auf Schicht die Eiszapfen bilden, nehmen bei mildem Frost einen längeren Weg, bis ihre Spur erstarrt (A), bei starkem Frost dagegen einen kürzeren Weg (B).

84
Kochtopf aus Papier

Hättest du gedacht, dass man in einem Papierbecher über offener Flamme oder in der Glut eines Feuers Wasser kochen kann? Stecke eine Stricknadel durch den Rand eines mit etwas Wasser gefüllten Papierbechers, hänge ihn zwischen zwei stehenden Flaschen auf und zünde unter dem Becher eine Kerze an. Nach einiger Zeit kocht das Wasser – der Becher ist jedoch nicht einmal angesengt. Das Wasser entzieht die auf das Papier übertragene Wärme und beginnt bei einer Temperatur von 100 °C zu kochen. Stärker erwärmt sich das Wasser nicht, folglich erreicht das Papier auch nicht die Temperatur, die für seine Verbrennung nötig ist.

85
Kleiner Freiballon

Ein Kinderluftballon vom Jahrmarkt fliegt zum Himmel empor; er hat Auftrieb, weil er mit einem leichten Gas gefüllt ist. In einem warmen Zimmer kannst du den Ballon auch in halber Höhe vor dir schweben lassen. Der Trick: Binde eine Karte am Ballon an, sodass er erst einmal zu Boden sinkt. Schneide dann nach und nach kleine Schnipsel von der Karte ab, bis der Ballon langsam emporschwebt und in der von dir gewünschten Höhe bleibt. Die Luft im geheizten Zimmer teilt sich in unterschiedlich warme Schichten – kühle, schwere über dem Fußboden sowie warme, leichte zur Zimmerdecke hin. Der mit der Karte beschwerte Ballon bleibt in der Luftschicht stehen, die genau seinem Gewicht entspricht.

86
Eisangeln

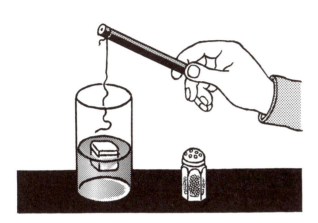

Mache aus einem Bleistift mit einem Stück Faden eine Angel und lasse auf einem Trinkglas voll Wasser einen Eiswürfel schwimmen. Wie lässt sich der Würfel mit der Angel herausfischen? Senke das Fadenende auf den Würfel herab und streue ein paar Körnchen Salz darauf. Im Nu ist es festgefroren.
Salz bringt Eis zum Schmelzen, und genau das bewirken auch die Salzkörnchen auf dem Eiswürfel. Zum Schmelzen eines Körpers wird aber gleichzeitig Wärme verbraucht. Diese wird dem Teil der Würfeloberfläche entzogen, die kein Salz abbekommen hat. Deshalb gefriert hier die Feuchtigkeit, sodass der Würfel beim Herausziehen am Faden haftet.

87
Gesprengter Stein

Im Winter kannst du ohne weitere Hilfsmittel dicke Steine sprengen. Suche draußen einen Feuerstein, der gut durchgefroren ist, und übergieße ihn mit kochendem Wasser. Mit lautem Knallen und Knacken birst er auseinander.
Die Sprengwirkung beruht darauf, dass die äußeren Schichten des Steins sich schneller erwärmen und ausdehnen als der Kern. Die auftretenden Spannungen lassen den Stein dann auseinander platzen. Auf gleiche Weise können dickwandige Gläser springen, in die man heiße Flüssigkeiten gießt. Glas leitet Wärme schlecht und daher dehnen sich die Glasschichten verschieden stark aus.

Versuche mit Flüssigkeiten

88
Perlenkette

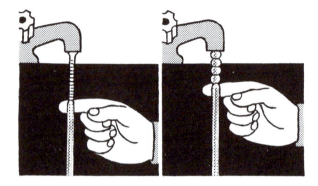

Lasse einen feinen Wasserstrahl aus dem Wasserhahn laufen und halte einen Finger etwa 5 cm darunter. Schaust du genau hin, entdeckst du im Wasserstrahl ein rätselhaftes, wellenartiges Muster. Hebst du nun den Finger ein wenig, nehmen die Wellen mehr und mehr Kugelform an, bis sie einer Perlenkette gleichen.

Der Wasserstrahl wird über dem Finger so stark gestaut, dass er sich infolge der Oberflächenspannung – einer ins Flüssigkeitsinnere gerichteten Kraft der Wassermoleküle – in runde Tropfen teilt. Ziehst du den Finger langsam vom Hahn zurück, wird die Fallgeschwindigkeit des Wassers größer und die Tropfenbildung undeutlicher.

89
Wasserdruck in feinen Röhrchen

Wenn man einen Teebeutel nach dem Aufbrühen am Faden aus der Tasse zieht, dreht er sich eine Weile. Warum?
Der Faden besteht aus Spiralen von gedrehten Baumwollfasern, feinen Haarröhrchen, die Wasser aufnehmen (A). Da sie dabei dicker werden, entsteht zwischen den Spiralen ein Druck: Der Faden dreht sich auseinander und wird länger (B).
In einem Baumwollstoff sind die Fäden fest verwoben, sodass sie sich beim Nasswerden nicht drehen können. Ihre Spiralen drücken sich in die Breite: Die Fäden werden dicker und kürzer, der Stoff läuft ein (C).

90
Schwimmendes Metall

Fülle eine Schüssel mit Leitungswasser. Lege kleine Metallgegenstände auf Löschpapierschnipsel und bringe sie mit einer Gabel vorsichtig in das Gefäß. Nach einer Weile sinkt das voll gesogene Löschpapier auf den Grund, die metallenen Körper schwimmen jedoch weiter.
Da die Metallgegenstände schwerer als Wasser sind, müssten sie eigentlich ebenfalls zu Boden sinken. Sie werden aber von einer feinen Wasserhaut getragen, die sich dadurch bildet, dass sich die Wassermoleküle an der Oberfläche gegenseitig stärker anziehen als im Inneren der Flüssigkeit. Durch einen kleinen Seifentupfer wird die Oberflächenspannung zerstört und der Schwimmversuch beendet.

91
Zerstörte Wasserhaut

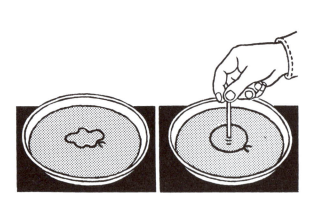

Knote ein Stück Nähgarn zu einer Schlinge zusammen und lasse sie in einem Gefäß mit Leitungswasser schwimmen. Tauchst du ein Zündholz in die Mitte der unregelmäßig geformten Schlinge, wird sie sofort kreisrund. Die Zauberkraft hat das Hölzchen, weil es vorher mit ein wenig Geschirrspülmittel betupft wurde. Dieses verteilt sich beim Eintauchen nach allen Seiten und dringt zwischen die Wasserteilchen, die durch die Oberflächenspannung hautartig zusammengehalten werden. Die Wasserhaut reißt blitzartig von der Eintauchstelle her auf, die in Bewegung geratenen Flüssigkeitsmoleküle stoßen gegen die Schlinge und straffen sie.

92
Wasserkuppe

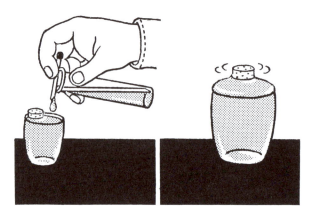

Stelle ein Schnapsglas, das knapp bis zum Rand mit Wasser gefüllt ist, auf den Tisch und lege eine dünne Korkscheibe an den Rand des Wassers. Wie lässt sich der Korken, ohne dass man ihn berührt, genau auf die Mitte des Glases befördern?
Gieße mit Hilfe eines Röhrchens tropfenweise Wasser auf das Glas, bis sich auf ihm ein Wasserberg bildet. Anfangs hält die Schwerkraft den Korken am Rand der leicht gewölbten Wasserfläche. Gießt du mehr nach, wird die Adhäsion, die Anziehungskraft zwischen den Molekülen des Wassers und des Korkens, stärker wirksam und er wird regelrecht auf die Kuppe des Berges hinaufgezogen.

93
Seifenblasen

In jeder weggeworfenen Spülmittelflasche stecken noch tausend Seifenblasen! Schneide das untere Drittel der Flasche ab und mische darin 10 Teelöffel Wasser mit dem Spülmittelrest. In die Kappe bohrst du ein Loch, stecke da einen Strohhalm hinein und in die Düse ein Streichholz. Nimm etwas Flüssigkeit in das Pfeifchen und puste!

Durch die Oberflächenspannung sind die flüssigen Teilchen in der Seifenblasenhaut von außen und von innen verdichtet. Sie halten so fest zusammen, dass sie die aus dem Pfeifchen strömende Luft umschließen und etwas zusammenpressen. Dabei nehmen sie die Form mit der kleinsten Oberfläche an, die Kugel.

94
Entspannte Kraft

Schneide aus einer festen Postkarte, wie auf der Zeichnung dargestellt, einen Deckel aus und lege ihn auf ein randvoll mit Wasser gefülltes Glas. Prüfe nun, wie viele Münzen du auf die Zunge des Deckels legen kannst, ohne dass er hochklappt.

Das beachtliche Gewicht der Münzen verdeutlicht, wie stark die Adhäsion, die Anziehungskraft zwischen den Molekülen des Wassers und der Pappe ist. Tupfst du aber nur ein wenig Spülmittel ins Wasser, hebt sich der Deckel sofort ab. Die Molekularkräfte werden durch das Spülmittel deutlich vermindert; man sagt, das Wasser ist „entspannt". Auf gleiche Weise wird beim Waschvorgang Schmutz von der Wäsche gelöst.

95
Wasserknoten

Eine leere Ein-Kilo-Konservendose wird knapp über dem unteren Rand fünfmal mit einem 2 mm dicken Nagel durchlöchert. Das erste Loch soll 3 cm vom fünften entfernt sein. Stelle die Dose unter einen geöffneten Wasserhahn und aus jedem Loch kommt ein Strahl. Fährst du mit dem Finger über die Löcher, vereinen sich die Strahlen, so als ob sie zusammenklebten.
Die Wassermoleküle ziehen sich gegenseitig an und erzeugen eine Kraft, die in das Flüssigkeitsinnere wirkt: die Oberflächenspannung. Sie ist es auch, die einen Wassertropfen zusammenhält. In unserem Versuch wird die Kraft besonders deutlich: Sie lenkt die Strahlen im Bogen zur Seite ab und vereinigt sie.

96
Kraft der Moleküle

Biege aus dünnem Draht einen etwa 3 x 8 cm großen Rahmen und lege ein gerades Stück Draht lose über die Mitte. Tauchst du den Rahmen in einen Teller mit etwas Geschirrspülmittel, spannt sich eine Seifenhaut über den Draht. Stich sie auf einer Seite durch, und ruckartig rollt das Drahtstück zum anderen Ende des Rahmens hin.
Die Flüssigkeitsmoleküle ziehen einander so stark an, dass die Seifenhaut fast so elastisch ist wie eine gespannte Luftballonhaut. Wenn man den Zusammenhalt der Teilchen auf einer Seite unterbricht, gewinnt die Anziehungskraft auf der anderen das Übergewicht, zieht die Flüssigkeitsreste herüber und rollt sogar den Draht mit.

97
Schwebendes Wasser

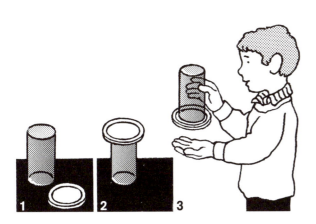

Fülle ein Trinkglas mit Wasser und lege einen glatten Plastikdeckel, zum Beispiel von einer Kaffeedose, darauf. Halte den Deckel fest und drehe das Glas mit Schwung kopfüber. Nimmst du deine Hand weg, haftet der Deckel am Glas und sperrt das Wasser ab.

Das Wasser, das in einem 10 cm hohen Glas auf jedem Quadratzentimeter des Deckels lastet, wiegt 10 g (denn 1 cm^3 Wasser wiegt 1 g). Der Druck der Luft von unten beträgt hingegen 1000 g auf jeden Quadratzentimeter. Er ist also viel größer als das Wassergewicht und presst den Deckel so fest gegen das Glas, dass weder Luft einströmen noch Wasser ausfließen kann.

98
Beerentanz

Fülle ein hohes Trinkglas mit sprudelndem Mineralwasser und lege eine oder mehrere Weintrauben hinein. Die Beeren sinken zuerst zum Boden des Glases, beginnen aber sogleich auf und ab zu tanzen und sich zu drehen.

Das Gas, das im Mineralwasser gelöst ist und im Glas sprudelnd entweicht, ist Kohlendioxid. Es sammelt sich in zahlreichen Bläschen auf den Beeren, bis diese genügend Auftrieb haben und aufsteigen. An der Wasseroberfläche zerplatzen die Gasbläschen, die Beeren sinken hinab und das Spiel beginnt von neuem.

99
Elastische Haut

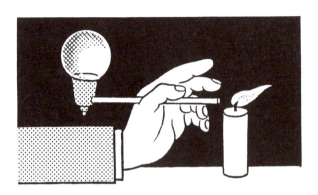

Stelle aus etwas Spülmittel und Wasser eine Seifenblasenmischung und aus einer Plastikkappe und einem Trinkhalm ein Pfeifchen her. Lasse eine große Seifenblase, die auf dem Pfeifchen sitzt, nicht fortfliegen, sondern halte die Öffnung des Halms mit dem Finger zu. Bringe die Öffnung nahe an eine Kerzenflamme und ziehe den Finger weg. Die Flamme neigt sich zur Seite, während die Seifenblase kleiner wird und verschwindet.

Obwohl die Seifenblasenhaut wohl weniger als eintausendstel Millimeter dünn ist, hat sie doch so viel Kraft, die Luft im Inneren zusammenzudrücken. Gibst du die Öffnung des Halms frei, ziehen sich die Flüssigkeitsmoleküle infolge der Oberflächenspannung zum Tropfen zusammen und pressen die Luft heraus.

100
Treibstoff Seife

 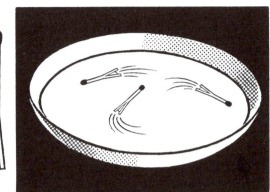

Spalte ein Zündholz am hinteren Ende leicht auf und drücke etwas weiche Seife in den Schlitz. Legst du das Holz in einen Teller mit Leitungswasser, bewegt es sich eine ganze Weile rasch vorwärts. In einer Badewanne können mehrere Hölzchen sogar ein Wettrennen machen.

Die sich allmählich auflösende Seife zerstört die Oberflächenspannung des Wassers nach und nach. Es kommt zu einer Bewegung der Flüssigkeitsmoleküle nach hinten, die als Gegenwirkung ein Vorschnellen des Hölzchens zur Folge hat. Mit einem Tropfen Spülmittel an Stelle der Seife würde die Bewegung blitzartig erfolgen.

101
Dichte Löcher

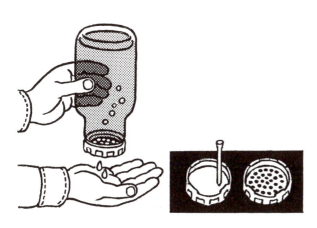

Schlage in den Blechdeckel einer Saftflasche mit einem 3 mm dicken Nagel etwa 30 Löcher. Fülle die Flasche mit Wasser, schraube sie zu und halte eine Hand über den Deckel. Wendest du jetzt die Flasche kopfüber, läuft nach dem Zurückziehen der Hand (bis auf wenige Tropfen) kein Wasser heraus. Jedes Loch ist durch den besonderen Zusammenhalt der Wassermoleküle an der Oberfläche wie mit einer feinen Haut überspannt. Sie verhindert, dass Luft in die Flasche eindringt und gleichzeitig Wasser herausläuft.

102
Das archimedische Prinzip

Fülle ein Gefäß bis zum Rand mit Wasser und wiege es. Setze dann auf das Wasser einen Holzklotz. Dabei läuft ein Teil der Flüssigkeit über den Rand ab. Prüfe nun, ob sich das Gewicht des Wassergefäßes verändert hat. Das Gewicht ist gleich geblieben. Das über das Gefäß gelaufene Wasser wiegt genauso viel wie der ganze Holzklotz. Der berühmte Mathematiker Archimedes fand um 250 v. Chr. heraus, dass das Gewicht eines schwimmenden Körpers gleich dem Gewicht der Flüssigkeitsmenge ist, die er verdrängt. Er taucht also so weit ein, bis sein Gewicht durch den Auftrieb ausgeglichen ist.

103
Balanceproblem

Lege ein Holzlineal als Waage über einen kantigen Bleistift und bringe darauf zwei mit Wasser gefüllte Gläser in ein ungefähres Gleichgewicht. Bleibt die Balance erhalten, wenn du einen Finger in ein Glas eintauchst, ohne das Glas selbst zu berühren?
Das Glas mit dem eingetauchten Finger neigt sich herab. Es wird nämlich um so viel schwerer, wie die vom Finger verdrängte Wassermenge wiegt.

104
Anglerproblem

Ein Junge hat einen Schuh am Angelhaken. Solange sich dieser noch im Wasser befindet, bleibt die Angelrute ziemlich gerade, aber beim Herausziehen biegt sie sich stark nach unten. Wie ist das zu erklären?
Auch hier gilt das Gesetz des Archimedes: Ein in eine Flüssigkeit getauchter Körper verliert so viel an Gewicht, wie die von ihm verdrängte Wassermenge wiegt. Diesen scheinbaren Gewichtsverlust nennt man Auftrieb.
In diesem Fall hat der untergetauchte Schuh so viel Auftrieb, dass er nur wenig schwerer als Wasser ist. Nach dem Herausziehen der Angel zeigt sich jedoch das eigentliche Gewicht des Schuhs und die zusätzliche Last des in ihm enthaltenen Wassers.

105
Faustmessen

Stelle ein Gefäß mit Wasser auf eine Waage und notiere dir das Gewicht. Tauche deine Faust ein, ohne das Gefäß zu berühren und Wasser überlaufen zu lassen. Anhand des Gewichtsunterschiedes kannst du nun den Rauminhalt deiner Faust bestimmen.

Die Waage zeigt um so viel mehr an, wie die von der Faust verdrängte Wassermenge wiegt. Da aber 1 l Wasser bei einer Temperatur von 4 °C genau 1000 g wiegt, entspricht 1 g 1 cm^3 Wasser. Zeigt sich also beim Eintauchen eine Gewichtszunahme von 300 g, so hat die Faust einen Rauminhalt von 300 cm^3.

106
Gewichtsabnahme

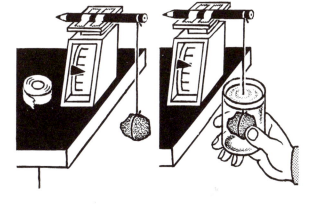

Binde einen Stein mit einem Faden an eine Briefwaage. Merke dir das Gewicht. Verändert es sich wohl, wenn du den Stein in ein Gefäß mit Wasser hängen lässt?

Wenn man beim Baden einen größeren Stein unter Wasser anhebt, wundert man sich zuerst über sein geringes Gewicht. Hebt man ihn aber über die Wasseroberfläche hinaus, merkt man, wie schwer er in Wirklichkeit ist. Tatsächlich nimmt ein in eine Flüssigkeit (oder in ein Gas) getauchter Gegenstand scheinbar an Gewicht ab, nämlich um genauso viel, wie die von ihm verdrängte Flüssigkeitsmenge (oder Gasmenge) wiegt. Diesen scheinbaren Gewichtsverlust nennt man Auftrieb.

107
Wasserdichtes Sieb

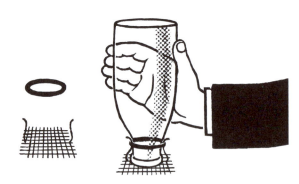

Fülle eine Milchflasche mit Wasser und befestige mit einem Gummiring ein ca. 5 x 5 cm großes Stück Drahtgaze (in Baumärkten erhältlich) über der Öffnung. Lege eine Hand darüber und drehe die Flasche auf den Kopf. Ziehst du nun die Hand weg, läuft kein Wasser heraus.

Wo Wasser mit Luft in Berührung kommt, schließt es sich infolge der Oberflächenspannung hautartig ab. Jede Öffnung des Drahtgitters ist so gut abgedichtet, dass weder Luft einströmen noch Wasser ausfließen kann. Auf Grund ihrer Oberflächenspannung gelangen deshalb auch Regentropfen nicht durch die feinen Löcher einer Zeltplane, die durch ein Imprägnierungsmittel wasserabstoßend gemacht wurde.

108
Eier im Wasser

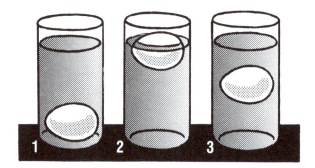

Fülle drei Einmachgläser mit Wasser und lege in jedes ein Ei. Zur Überraschung schwimmen die Eier in jeweils unterschiedlichen Höhen. Wie ist das zu erklären?

In Glas 1, das Leitungswasser enthält, sinkt das Ei ganz normal zu Boden. Im Wasser von Glas 2 sind etwa zwei Esslöffel Kochsalz aufgelöst. Das Ei schwimmt an der Oberfläche, weil es leichter als das Salzwasser ist. In Glas 3 besteht nur die untere Hälfte aus Salzwasser, die obere aus Leitungswasser, das du mit Hilfe eines Soßenlöffels vorsichtig aufgefüllt hast. Das Ei schwebt hier in der Mitte: Es sinkt zwar im Leitungswasser, schwimmt aber auf dem Salzwasser.

109
Mini-U-Boot

Schneide aus dicker Apfelsinenschale ein etwa 3 cm langes U-Boot, füge einen Turm ein und bemale es mit wasserfesten Filzstiften. Fülle eine Flasche bis an den Rand mit Wasser, stecke das Schiffchen hinein und verschließe die Flasche mit einer Gummikappe. Drückst du nun auf die Kappe, geht das Schiff auf Tauchstation. Je nach Stärke des Fingerdrucks taucht es auf und unter oder schwebt frei im Wasser.

Winzige Luftbläschen in der durchlässigen Schale bewirken, dass sie schwimmt.
Durch den Druck des Fingers, der vom Wasser weitergeleitet wird, werden die Bläschen zusammengedrückt. Dadurch wird ihr Auftrieb geringer und das U-Boot taucht in die Tiefe. Es schwimmt waagerecht, weil der orangefarbene Teil der Schale schwerer als der weiße ist. Wirf abgebrochene Streichholzköpfe als Froschmänner mit in die Flasche, sie tauchen mit.

110
Taucherkugeln

Forme aus farbigem Stanniol von einer Pralinenpackung einige Kugeln und drücke sie ziemlich fest zusammen. Lege sie in eine mit Wasser gefüllte Milchflasche und setze auf ihre Öffnung einen Saughaken (aus der Küche). Bei wechselnd starkem Fingerdruck auf die Kappe des Hakens tauchen die Kugeln wie verzaubert auf und unter oder schweben im Wasser. Stanniol ist schwerer als Wasser. Die Kugeln schwimmen nur deshalb an der Wasseroberfläche, weil zwischen ihren Schichten etwas Luft eingeschlossen ist. Der Druck des Fingers, der im Wasser weitergeleitet wird, presst die Luft in den Kugeln zusammen. Sie haben nicht mehr genügend Auftrieb und sinken.

111
Wassertemperaturen bei Wind

Die Wassertemperatur am Strand kann sich von einem Tag auf den anderen spürbar ändern. Sie hängt nicht nur von der Tagestemperatur, sondern auch von der Windrichtung ab. Ist das Wasser wohl wärmer, wenn der Wind von der Wasserseite oder wenn er von der Landseite weht?

Wasser hat mit 4 °C seine größte Dichte. Je stärker es sich erwärmt, desto mehr dehnt es sich aus und desto leichter wird es. Deshalb bleibt die von der Sonne erwärmte Wasserschicht am Uferbereich an der Oberfläche. Kommt nun der Wind vom Wasser her, staut sich die warme Schicht am flach auslaufenden Ufer. Weht der Wind dagegen vom Land her, treibt er die warme Schicht fort und kühles Wasser aus der Tiefe strömt zum Ufer nach.

112
Druck von unten

113
Wasserspiele

Stelle ein kleines Schnapsglas in ein hohes Einmachglas und fülle dieses mit Wasser. Nun gilt es, Münzen in das Schnapsglas fallen zu lassen. Versuche es zusammen mit deinen Freunden. So sorgsam man die Münzen über dem Wasserspiegel auch ausrichtet, sie segeln fast ausnahmslos zur Seite.

Es gelingt selten, eine Münze wirklich haargenau senkrecht ins Wasser zu befördern. Eine minimale Schräglage beim Herabsinken genügt, und schon wirkt auf die nach unten geneigte Seite ein größerer Wasserwiderstand. Da der Schwerpunkt einer Münze genau in ihrer Mitte liegt, dreht sie sich leicht, und die gegen sie stoßenden Wasserteilchen bringen sie auf eine bogenförmige Bahn.

Molekularkräfte

114
Ausdehnung von Wasserflecken

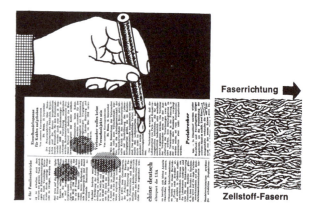

Lässt man Wassertropfen auf Zeitungspapier fallen, nehmen die anfangs kreisrunden nassen Flecken eigenartigerweise langsam eine ovale Form an.

Die Erklärung dafür liegt in der Richtung der pflanzlichen Fasern, aus denen das Papier größtenteils besteht. In diesen hauchfeinen Kapillarröhrchen dringt das Wasser – wie bei der lebenden Pflanze – leicht vor. Quer zu den Papierfasern ist die Saugwirkung nicht so groß. Der ovale Fleck verrät also die Faserrichtung des Papiers. Wo auf dem Papier Bilder und größere Buchstaben gedruckt sind, breiten sich die Wasserflecken wesentlich geringer aus. Die Saugwirkung der Fasern ist hier vermindert, weil sie zum großen Teil schon die ölhaltige Druckfarbe aufgenommen haben.

115
Reißprobe mit Papier

Wenn man Zeitungspapier in Streifen reißt, bilden sich quer zu den Zeilen gerade und glatte Reißkanten, parallel zu ihnen aber krumme und gezackte Kanten. Woran liegt das?
Ähnlich wie Holz, das sich längs der Fasern leichter zerteilen lässt als quer dazu, hat auch Papier eine Faserrichtung. Bei seiner Herstellung läuft der aus Holz zubereitete Zellstoffbrei auf ein laufendes Siebband. Dabei legen sich die in ihm enthaltenen Fasern in Laufrichtung der Maschine. Das nach dem Leimen, Walzen und Trocknen fertige Papier hat somit quer zur Faserrichtung größere Reißfestigkeit. Diese Tatsache ist bei der Weiterverarbeitung des Papiers, beim Drucken, Buchbinden und Basteln, sehr wichtig.

116
Papierstrick

Rolle und drehe ein Papiertaschentuch fest zu einem Strick zusammen und mache damit ein Tauziehen. Wird der Strick halten, wenn an beiden Enden kräftig gezogen wird?
Rollst du den Strick quer zur Laufrichtung der Papierfasern, reißt er schon beim ersten Versuch. Der Strick hält jedoch, wenn er parallel zur Laufrichtung des Papiers gedreht worden ist. Dabei drücken sich die Fasern nämlich so fest aneinander, dass sie gemeinsam der Zugkraft widerstehen. Aber ein einziger Tropfen Wasser genügt, die Fasern quellen zu lassen und ihren Zusammenhalt zu unterbrechen.

117
Kletternde Flüssigkeiten

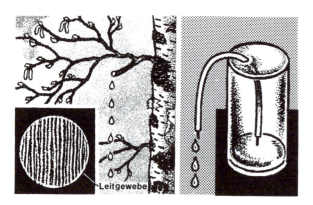

Wenn man im Frühjahr einen knospenden Zweig von einer Birke abschneidet, tropft aus der Schnittstelle ein klarer Saft. Wie ist das so genannte „Bluten" des Baumes zu erklären? Im Frühjahr wird besonders viel Wasser mit gelösten Nährstoffen von den Wurzeln zu den Knospen emporgeleitet. Der Transport geschieht durch Druck aus den Wurzeln, aber auch durch Kapillarität: Die Moleküle des Wassers und des Holzes ziehen sich gegenseitig an und dadurch steigt der Saft in den schlauchartigen Poren des Leitgewebes empor. Experiment: Stecke eine lange, dünne Stricknadel durch einen Plastikhalm und biege ihn u-förmig. Hängst du ihn über den Rand eines mit Wasser gefüllten Glases, steigt das Wasser über die Krümmung hinweg und leert das Glas.

118
Seerose

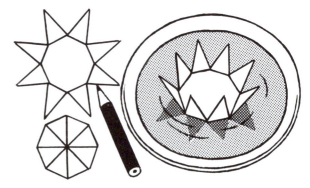

Schneide aus glattem Schreibpapier eine blütenförmige Figur, male ihre Oberfläche mit Buntstiften an und falte die Blätter fest nach innen. Legst du die Rose aufs Wasser, kannst du das Öffnen der Blütenblätter im Zeitlupentempo beobachten.
Das Papier besteht zum größten Teil aus pflanzlichen Fasern, die wie hauchfeine Schläuche gebildet sind. In diesen so genannten Kapillarröhrchen steigt das Wasser durch die Anziehungskräfte zwischen den Molekülen empor. Das Papier quillt auf, und ähnlich wie die Blätter einer welken Pflanze, die man ins Wasser stellt, richten sich die Zacken der künstlichen Rose auf.

119
Zaubersprudel

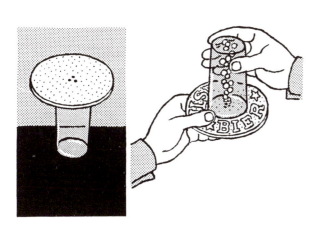

Nimm einen Bierdeckel mit weißer Unterseite und stich mit einer Stopfnadel von unten her drei Löcher in seine Mitte. Fülle ein Glas randvoll mit Wasser, lege den Bierdeckel – Unterseite nach oben – auf die Öffnung des Glases und drehe es sofort auf den Kopf. Du musst mit einer Hand gegen den Bierdeckel drücken und mit einem Finger die Löcher zuhalten. Nun kannst du Sprudelwasser machen: Entfernst du den Finger von den Löchern, steigt im Glas zischend Luft empor. Die Pappe des Bierdeckels besteht aus Pflanzenfasern, feinen Haarröhrchen, die durch ihre „Kapillarkraft" das Wasser anziehen. Da der Bierdeckel reichlich Wasser aufsaugt, entsteht im Glas ein Unterdruck, und die durch die Löcher strömende Luft sorgt für Druckausgleich.

120
Magische Quelle

Lege zwei oder drei Bierdeckel aufeinander und stich in ihre Mitte ein Loch, durch das ein dünner Plastikhalm passt. Stecke den Halm durch das Loch und dichte die Fugen mit Kleber ab. Kürze den Halm entsprechend der Zeichnung. Fülle zwei Trinkgläser – ein schmales und ein breites – zu je einem Drittel mit Wasser. Lege nun die Bierdeckel auf die Öffnung des schmalen Glases, drehe es mit Schwung um und setze es mitsamt den Deckeln kopfüber auf das breite Glas. Fast eine ganze Stunde lang läuft Wasser vom unteren Glas in das obere. Die schlauchartigen Fasern der Bierdeckelpappe saugen einen Teil des Wassers aus dem oberen Glas auf; folglich entsteht hier ein Unterdruck. Die Außenluft versucht nachzuströmen und drückt dabei das Wasser im Halm empor.

77

121
Unterbrochene Wasserleitung

Ein Vater stellt am Weihnachtsabend den Tannenbaum auf. Er muss das Stammende des Baumes etwas anspitzen, damit er in den Ständer passt. Obwohl danach der Ständer mit Wasser gefüllt wird, verliert der Baum schon kurz nach den Feiertagen die Nadeln. Wie ist das zu erklären?

Beim Beschneiden des Stammendes wird außer der Rinde häufig auch der äußerste Jahresring entfernt. Aber gerade in diesem befinden sich die Tracheiden, das sind lang gestreckte Zellen, die Wasser (und Nährstoffe) zu den Zweigen und Nadeln emporleiten. Die älteren Jahresringe weiter innen mit ihren abgestorbenen, verholzten Zellen leiten das Wasser nicht. Sie dienen nur der Festigkeit des Stammes. Also kann der Baum das Wasser nicht aufnehmen und nadelt.

122
Kräfte in einer Wasserlache

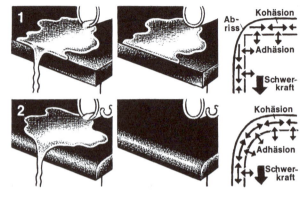

Wenn auf einem Küchentisch mit glatter Kunststoffplatte Wasser vergossen wird, hängt es von der Kante ab, wie viel herabläuft. Über eine rechtwinklige Kante läuft nur das Wasser, das beim Auskippen überschwappt; dann reißt es ab (1). Das über eine abgerundete Kante laufende Wasser zieht die ganze Wasserlache nach (2).

Fließendes Wasser folgt zunächst der Schwerkraft. An einer scharfen Tischkante wird die Kohäsion des Wassers, die Anziehungskraft zwischen den Wassermolekülen, unterbrochen. Über einer abgerundeten Kante dagegen bleibt die Kohäsion erhalten. Sie ist hier sogar stärker als die Adhäsion zwischen den Molekülen des Wassers und des Kunststoffs. Deshalb perlt das restliche Wasser ab und die Platte ist sofort trocken.

123
Geldfalle

Knicke ein Zündholz in der Mitte, ohne es zu zerbrechen. Lege es angewinkelt über die Öffnung einer leeren Weinflasche und darauf ein Centstück. Was kann man tun, damit das Zündholz die Flaschenöffnung freigibt und die Münze hineinfällt? Berühren gilt nicht!
Bringst du einen Tropfen Wasser auf die Knickstelle, kommt Bewegung in das Zündholz, und nach einer Weile fällt die Münze ganz von selbst in die Flasche. Die röhrenförmigen toten Zellen des Holzes nehmen das Wasser auf und leiten es weiter. Durch die molekularen Anziehungskräfte entsteht ein Druck, der die Hölzchenenden auf der Flaschenöffnung sich spreizen lässt.

124
Wetterstation

Befestige auf einem kleinen Brettchen mit Siegellack oder Kaltleim einen trockenen Kiefernzapfen. Stich in eine der mittleren Schuppen eine Stecknadel und stecke darüber einen Trinkhalm. Stelle das Brett regengeschützt nach draußen. Der Trinkhalm bewegt sich je nach Wetterlage. Bringe eine Skala an. Dieser einfache Feuchtigkeitsmesser ist eine Erfindung der Natur. Vor dem Regen schließen sich die Kiefernzapfen, um die darunter liegenden Samen vor Nässe zu schützen. Die Außenseite der Schuppen nimmt die Luftfeuchtigkeit auf, quillt und verzieht sich – ein Vorgang, den du auch bei einem dünnen Brett oder einem Stück Pappe beobachten kannst, das auf einer Seite nass wird.

Schwerpunkt und Schwerkraft

125
Verhexter Karton

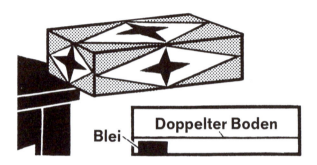

Klebe in einen länglichen Karton aus dünner Pappe einen doppelten Boden und verberge im unteren Raum ein Bleigewicht. Du kannst den Karton immer auf der Ecke balancieren lassen, in der das Bleistück liegt.

Jeder Körper hat einen Schwerpunkt, um den seine Masse durch die Schwerkraft im Gleichgewicht gehalten wird. In einem so regelmäßig geformten Körper wie einem Karton liegt der Schwerpunkt genau in seiner geometrischen Mitte. Dein Karton müsste also eigentlich herunterfallen, wenn du ihn mit einer Ecke auf die Tischkante stellst. Das Bleigewicht verhindert das, denn es verlagert den Schwerpunkt über die Tischkante.

126
Balancierender Knopf

Wenn du einen Knopf so auf den Rand einer Tasse legst, dass sich nur die Ränder berühren, wird er sofort herunterfallen. Niemand wird glauben, dass der Knopf auf dem Tassenrand liegen bleibt, wenn du an ihm obendrein noch ein Gewicht befestigen willst. Und doch ist es möglich. Steckst du zwei Kuchengabeln über den Knopf und setzt du ihn dann auf den Tassenrand, bleibt er in dieser Lage.
Die gebogenen Gabelgriffe, deren Enden besonders schwer sind und seitlich um die Tasse greifen, verlagern den Schwerpunkt des Knopfes genau über den Tassenrand, sodass das ganze Gebilde im Gleichgewicht ist.

127
Heißer Punkt

Stecke ein Streichholz fest in das Ende eines Flaschenkorkens und seitlich darauf – zueinander leicht angewinkelt – zwei Kuchengabeln. Lege nun das Streichholz auf den Rand einer Tasse (aus dickem Porzellan) und verschiebe es so, dass alles waagerecht balanciert. Was geschieht, wenn du das Hölzchen anzündest? Wird alles herabfallen?
Jeder Gegenstand bleibt im Gleichgewicht, wenn man ihn in seinem Schwerpunkt unterstützt. Wegen der bogenförmig angeordneten Gabeln befindet sich der Schwerpunkt deines Gebildes genau da, wo es auf dem Tassenrand aufliegt. Entzündest du das Hölzchen, brennt es bis zum Tassenrand ab. Dann verlöscht die Flamme wegen zu starker Wärmeableitung durch das Porzellan und das Gleichgewicht bleibt erhalten.

128
Verlagerter Schwerpunkt

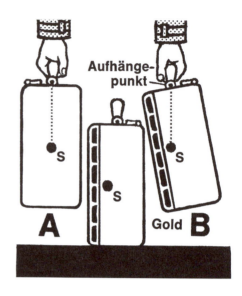

Ein Zollbeamter mustert einen Reisenden, in dessen Koffer sich angeblich nur lose Wäsche befinden soll. Der Zollbeamte stutzt, und bei einer Kontrolle findet er in einem Koffer unter einem doppeltem Boden einige Kilo Gold. Woran kann der Zollbeamte erkennen, dass etwas nicht stimmt – ohne den Koffer zu öffnen?

Wenn sich in dem Koffer nur gleichartiger Inhalt befindet, hängt er senkrecht. Das hängt damit zusammen, dass er ein gleichmäßig geformter Körper ist und somit sein Schwerpunkt S genau in seiner Mitte liegt (A). Durch das Gewicht des versteckten Metalls verlagert sich der Schwerpunkt zur Seite (B). Der Koffer nimmt eine Schräglage ein, bis sein Schwerpunkt genau senkrecht unter dem Aufhängepunkt (Bügelgelenk) liegt.

129
Gleichgewichtsakrobat

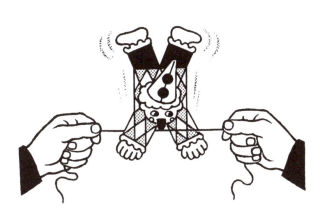

Pause die Clownfigur auf Schreibpapier ab, schneide sie zweimal aus und klebe beide Teile zusammen. Klebe dabei zwei Centstücke unsichtbar in die Hände und male die Vorder- und Rückseite der Figur lustig an. Auf einer Bleistiftspitze, auf dem Finger oder als Seiltänzer auf einem Faden, überall balanciert unser kleiner Papierclown. Seine Kunststücke sind erstaunlich. Eigentlich müsste die Figur doch umfallen!

Das Gewicht der eingeklebten Centstücke bewirkt, dass sich der Schwerpunkt der Figur unter seine Nase verlagert. Dadurch bleibt die Figur im Gleichgewicht.

130
Bumerang-Dose

 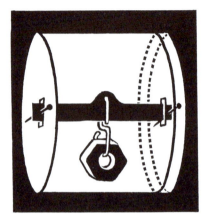

Stich in die Mitte von Boden und Deckel einer Keksdose je einen 1 cm breiten Schlitz. Führe ein der Dosenhöhe entsprechend langes Stück Einmachgummi hindurch und spanne es von außen durch Stecknadeln. An die Gummizunge hängst du mit einer Büroklammer ein etwa 50 g schweres Gewicht. Rollt man die Dose einige Meter vorwärts, so kehrt sie sofort zurück.

Die Schwerkraft bewirkt, dass das Gewicht die Rollbewegung der Dose nicht mitmacht. Es hängt senkrecht unter dem Gummi und windet ihn bei jeder Drehung auf. Durch die Spannung wird im Gummi eine elastische Kraft wirksam, welche die Rückwärtsbewegung verursacht.

131
Kerzenwippe

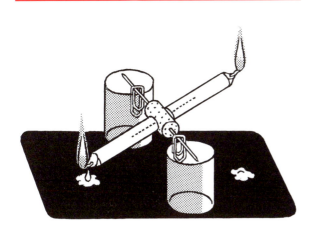

Bohre eine Stricknadel der Länge nach durch die Mitte eines Flaschenkorkens, stecke quer dazu eine Stopfnadel hindurch und setze auf deren Enden je eine kleine Kerze. Baue nun diese Wippe auf einem Tablett über zwei Gläsern auf und sichere sie mit Büroklammern am Rand der Gläser. Sie beginnt zu schaukeln, sobald du die Kerzen anzündest. Anfangs liegt der Schwerpunkt der Wippe genau auf ihrer Achse, sodass beide Kerzen im Gleichgewicht sind. Sobald aber an einem Ende ein Wachstropfen fällt, verlagert sich der Schwerpunkt zur anderen Seite, die nun Übergewicht bekommt und von der Flamme stärker erhitzt wird. Die Kerzen tropfen abwechselnd und der Schwerpunkt wandert von einer Seite auf die andere.

132
Balancierstab

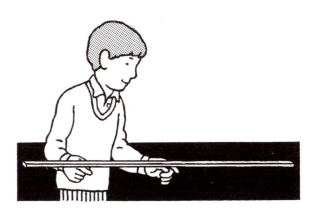

Lege einen Stab über die Zeigefinger der rechten und der linken Hand und lasse ein Ende weiter hinausragen als das andere. Wird das längere Ende Übergewicht bekommen, wenn du jetzt deine Finger weiter zur Mitte hin schiebst?
Der Stab bleibt im Gleichgewicht, wie auch immer du die Finger bewegst. Hat ein Ende Übergewicht, lastet es stärker auf dem betreffenden Finger. Der weniger belastete Finger kann jetzt weiter vorrücken, bis das Gleichgewicht wieder hergestellt ist. Durch das wechselseitige Zusammenwirken von Schwerkraft und Reibung kann sich der Vorgang so lange wiederholen, bis sich die Finger genau unter der Mitte des Stabes treffen.

133
Standfeste Fahrräder

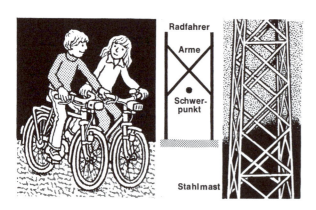

Radfahrer können zu zweit auf freier Strecke Halt machen, ohne abzusteigen. Sie bleiben mit ihren Rädern im Abstand von etwa einem Meter nebeneinander stehen und ergreifen beide mit einer Hand den benachbarten Lenkergriff des anderen Rades. Die Arme überkreuzen sich und wenn sie durchgedrückt werden, stehen die Räder fest. Warum?
Die beiden Arme funktionieren hier wie Querstreben, die zusammen mit den Oberkörpern der Radfahrer und den Fahrradlenkern Dreiecke bilden. Aber erst das Durchdrücken der Arme macht diese Dreiecke unverschiebbar und bewirkt die Standfestigkeit. Streben sorgen beim Bau von Gerüsten, Stahlmasten und Brücken für Stabilität, wenn sie mit senkrechten und waagerechten Konstruktionsteilen zu Dreiecken angeordnet sind.

134
Suche nach dem Schwerpunkt

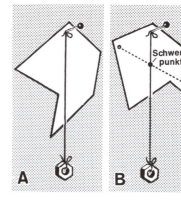 

Wer einen Gegenstand balancieren will, muss ihn unter seinem Schwerpunkt unterstützen. Das ist der Punkt, um den herum seine Masse im Gleichgewicht ist. Der Schwerpunkt eines regelmäßig geformten Körpers aus einheitlichem Material liegt in seiner geometrischen Mitte. Wie findet man den Schwerpunkt eines unregelmäßig geformten Gegenstandes?
Bei einer Pappfigur kann man das anschaulich erklären: Stich an einer Ecke eine Nadel hindurch und lasse die Figur herabhängen. Ihr Schwerpunkt muss genau senkrecht unter dem Aufhängepunkt liegen. Zeichne deshalb die Linie, die ein an die Nadel gehängter Faden markiert, auf der Figur an (A). Wiederhole das, indem du die Figur an einer anderen Ecke aufhängst (B). Der Schwerpunkt liegt auf dem Schnittpunkt der beiden Linien.

135
Rätselhaftes Gleichgewicht

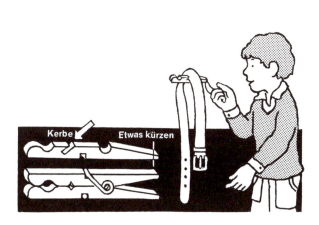

Ein Hölzchen von einer Wäscheklammer mit einem darüber gelegten Ledergürtel pendelt waagerecht von deiner Fingerspitze. Es fällt nichts herunter und die Schwerkraft scheint ausgeschaltet zu sein. Das Geheimnis ist eine 3 mm breite Kerbe, die du wie auf der Zeichnung schräg in das Hölzchen sägst. Außerdem musst du das spitze Ende etwas kürzen. In der Kerbe wird ein Gürtel aus steifem Leder in seiner Mitte festgeklemmt. Legst du nun das Hölzchen mit seinem spitzen Ende auf die Fingerspitze, biegen sich die herabhängenden Enden des Gürtels wegen seiner schrägen Befestigung unmerklich zurück, sodass sich der Schwerpunkt des ganzen Gebildes unter den Finger verlagert und das Gleichgewicht zu Stande kommt.

136
Balancierende Nadeln

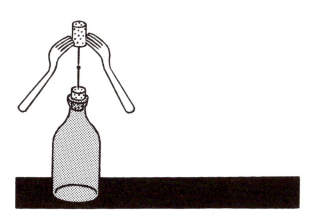

Drücke eine Stecknadel mit Metallkopf in den Korken einer Flasche und bohre einen losen Korken etwas an, sodass du in ihn eine zweite Stecknadel verkehrt herum einsetzen kannst. Wie lässt sich nun die eine Nadel auf der anderen balancieren? Drücke zusätzlich zwei Kuchengabeln in den losen Korken, sodass sie seitlich wie Arme herausragen, und setze vorsichtig Nadelspitze auf Nadelkopf. Der Schwerpunkt des Gebildes hat sich wegen der schweren Gabelgriffe so weit unter den Stecknadelkopf verlagert, dass das Gleichgewicht zu Stande kommt. Die Nadelspitze findet auf dem Nadelkopf genügend Halt, weil dieser nicht so glatt ist, wie es scheint.

Trägheit

**137
Eierkreisel**

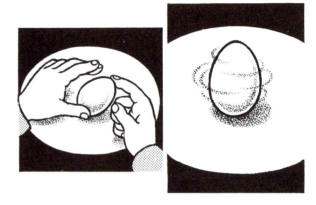

Man kann ein hart gekochtes Ei von einem rohen Ei unterscheiden, wenn man die Eier auf einem Teller zum Drehen bringt. Das gekochte Ei dreht sich rasch und da sein Schwerpunkt in der dicken Hälfte liegt, stellt es sich wie ein Kreisel auf.
Der flüssige Inhalt des rohen Eis verhindert das. Da das Dotter schwerer als das Eiweiß ist, schlingert es infolge der Zentrifugalkraft aus der Mitte und bremst die Drehbewegung ab. Hält man nun das Ei an und lässt es gleich wieder los, dreht es sich kurz weiter. Der Grund dafür ist die Trägheit des flüssigen Inhalts: Er will nach dem Abstoppen des Eis weiter in Bewegung bleiben.

138
Träges Ei

Lege auf ein Glas Wasser ein Frühstücksbrettchen, stelle darauf eine Zündholzschachtelhülse und lege obenauf ein rohes Ei. Das Brettchen sollte leicht über die Tischkante ragen. Wie lässt sich das Ei mit Hilfe eines Besens unversehrt ins Glas befördern?
Stelle den Besen senkrecht vor den Tisch und drücke mit dem Fuß auf das Besenholz. Lässt du den Stiel federnd gegen das Brettchen schlagen, fliegt es zusammen mit der leichten Hülse weg. Das Ei wird bei dem Schlag jedoch nicht mitgerissen. Seine Trägheit ist entsprechend seinem Gewicht so groß, dass es kurz an seinem Platz verharrt und dann senkrecht ins Wasser fällt.

139
Beweis der Trägheit

Ein Fliesenleger wird mit seinem Wagen von der Polizei gestoppt und beschuldigt, er habe kurz zuvor an einer Kreuzung durch plötzliches, scharfes Bremsen einen Auffahr-Unfall nachfolgender Autos verursacht. Was kann beweisen, dass der Fahrer vorsichtig gefahren ist und behutsam gebremst hat?
Die Stapel der Fliesen im Laderaum stehen gerade. Hätte der Fahrer scharf gebremst, wären die Fliesen, die entsprechend ihrem Gewicht eine große Trägheit haben und wegen der geringen Reibung auf ihren glatten Flächen leicht rutschen, in Fahrtrichtung geflogen. Trägheit nennt man das Beharren eines Körpers in dem Ruhe- oder Bewegungszustand, in dem er sich gerade befindet.

140
Standhafter Bleistift

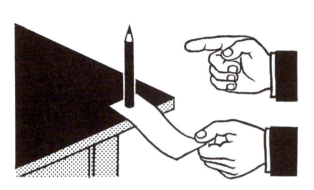

Lege einen Streifen Papier über eine glatte Tischkante und stelle einen Bleistift mit geradem Ende darauf. Wird es dir gelingen, das Papier zu entfernen, ohne den Bleistift zu berühren oder umzuwerfen?
Ziehst du das Papier langsam fort, fällt der Bleistift garantiert um. Der Versuch gelingt, wenn das Papier durch blitzschnelles Aufschlagen mit dem Finger entfernt wird. Jeder Körper hat das Bestreben, in dem Zustand der Ruhe oder der gleichförmigen Bewegung zu bleiben, in dem er sich gerade befindet. Der Bleistift leistet der schnellen Bewegung des Papierstreifens Widerstand, indem er an seinem Platz beharrt und nicht umkippt.

141
Geteilter Apfel

Schneide mit einem Messer so weit in das Fleisch eines Apfels, dass er beim Anheben auf der Klinge bleibt. Klopfe nun mit dem Rücken eines anderen Messers gegen die im Apfel steckende Klinge. Nach einigen Schlägen hat sich der Apfel selbst halbiert.
Mit ganz ähnlichen Experimenten hat der italienische Naturforscher Galileo Galilei im 16. Jahrhundert nachgewiesen, dass jeder Körper einer Veränderung seiner Lage oder Bewegung einen Widerstand entgegensetzt, die so genannte „Trägheit". In diesem Versuch hindert die Trägheit den Apfel daran, die ruckartigen Bewegungen des Messers mitzumachen. Er schiebt sich langsam auf die Klinge, bis er geteilt ist.

142
Genutzte Trägheit

Ein Junge hackt Holz und dabei sitzt ein schwerer, astreicher Kloben auf der Klinge seines Beils fest. Der Junge holt aus, wendet die Klinge und schlägt mit dem Beilrücken auf den Hauklotz. Warum macht er das so? Da dieser Kloben schwerer als die Beilklinge ist, hat er auch eine größere Trägheit, das Bestreben, in der augenblicklichen Bewegung zu beharren. Beim Hieb schiebt er sich mit größerer Wucht auf die Schneide, als es ohne das Umwenden der Klinge der Fall wäre.
Ein kleineres Holzstück hackt der Junge auf übliche Art. Jetzt hat die Klinge des Beils größere Trägheit als der Klotz und dringt tiefer ins Holz ein.

143
Trägheit der Gase

Schwenkt man eine geschlossene Laterne hin und her, wird dabei die Flamme von einer Seite zur anderen hin- und herbewegt. Aber eigenartigerweise neigt sich die Flamme jedes Mal in die Bewegungsrichtung und nicht, wie man erwartet, in die entgegengesetzte Richtung.
Da die Luft in der Laterne kühler und somit schwerer ist als das erhitzte Gas in der Flamme, besitzt sie auch eine größere Trägheit. Ähnlich wie sich Wasser beim Schwenken eines Gefäßes am Rand staut, drückt die Luft gegen die Seite der Laterne, die der Bewegungsrichtung entgegengesetzt ist. Sie verdichtet sich dort und die Flamme weicht jedes Mal zur luftverdünnten Seite hin aus.

144
Papierbrücke

Technisches Kräftespiel

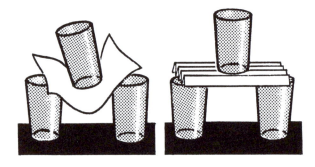

Lege einen Bogen Schreibpapier als Brücke über zwei Gläser und stelle darauf ein drittes Glas. Hoppla! Die Brücke hält nicht. Wenn du jedoch das Papier faltest, tragen die Falten die Last des Glases: Sie verteilt sich dann auf mehrere schräg gestellte Papierwände.
In den Falten werden die Papierwände zusammengehalten und haben dadurch eine weit höhere Druck- und Zugfestigkeit als der flache Papierbogen. In der Industrie wird die Stabilität von Blechen und Platten durch Verformung mit runden und kantigen Profilen enorm erhöht – denke nur an Wellblech und Wellpappe!

145
Stabilität der Eischale

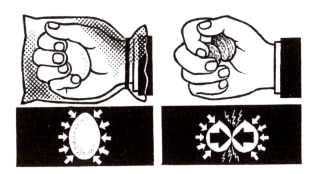

Was lässt sich mit einer Hand leichter zerdrücken: zwei Walnüsse oder ein rohes Hühnerei? Presse zuerst zwei Walnüsse in der Hand gegeneinander. Ihre Schalen knacken leicht, weil sich der Hebeldruck der Hand auf die Stellen konzentriert, wo sich die beiden Nüsse berühren. Nimm nun ein rohes Hühnerei, achte darauf, dass seine Schale nicht brüchig ist, stecke die Hand vorsichtshalber in einen Plastikbeutel und drücke das Ei so fest, wie du kannst. Der Hebeldruck verteilt sich in diesem Fall von allen Seiten gleichmäßig auf das Ei und reicht nicht aus, um es zu zerbrechen. Gewölbte Wände sind enorm stabil. Diesen Vorteil weiß der Mensch in der Technik zu nutzen, unter anderem beim Bau von Brücken oder Gewölben, bei der Konstruktion von Kraftfahrzeugen, Flugzeugen oder Sturzhelmen.

146
Knoten in der Zigarette

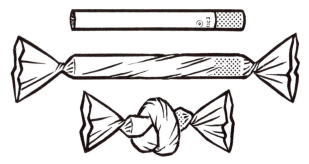

Wickle mit Erlaubnis eines Erwachsenen eine Zigarette in die Plastikfolie der Verpackung ein und drehe die Enden fest zu. Es gelingt dir jetzt ohne weiteres, einen Knoten in die Zigarette zu machen, ohne sie dabei zu zerbrechen.
Ohne die Folienhülle würde die Zigarette sofort auseinander brechen, weil der Druck der Tabakfüllung das Papier an der am meisten belasteten Stelle durchstoßen würde. Die Hülle ist aber so fest, dass sie den Druck von innen gleichmäßig auf die ganze Zigarettenlänge verteilt. Nach dem Entknoten und Auswickeln braucht man die Zigarette nur glatt zu streichen. Für diesen Versuch verwendet man am besten eine lange Zigarette.

147
Rätselhafte Spule

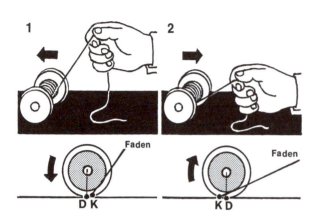

Eine Garnspule ist fortgerollt und ein Stück Faden hat sich abgewickelt. Kann man die Spule zurückholen, indem man einfach am Fadenende zieht? Die Antwort ist verblüffend: Ziehst du den Faden steil nach oben, rollt die Spule weiter fort; ziehst du ihn aber flach am Boden entlang, rollt sie dir entgegen. Die unterschiedliche Drehung der Spule wird verständlich, wenn man bedenkt, dass ihre Drehachse D nicht in ihrer Mitte liegt, sondern dort, wo sie den Boden berührt. Die Kraft K greift in Verlängerung des Fadens an der Spule an und bewegt sie durch Hebelwirkung um die Drehachse. In Fall 1 setzt K vor D an und dreht die Spule rückwärts, in Fall 2 setzt K hinter D an und bewegt sie vorwärts.

148
Schnittfestes Papier

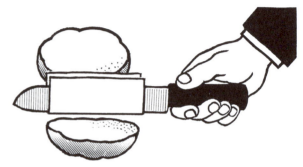

Lege ein gefaltetes Stück Schreibpapier auf die Schneide eines Messers und falte es über die Klinge. Du kannst nun mit dem umkleideten Messer Kartoffeln zerschneiden, ohne dass das Papier dabei beschädigt wird.
Das Papier dringt mit dem Messer in die Kartoffel ein. Der Druck der Klinge auf die Papierfasern erfährt einen Gegendruck der Kartoffel. Das Papier wird nicht zerschnitten, weil das Fleisch der Kartoffel weicher ist als die Papierfasern. Selbst beim Zerschneiden einer unreifen oder verholzten Frucht halten die Papierfasern stand. Hält man aber das Papier oben fest, fehlt der Druckausgleich und es wird zertrennt.

149
Zunehmender Reibungswiderstand

Nachdem ein Junge im Garten die Hälfte des Rasens mit Wasser besprengt hat, zieht er den Schlauch zur anderen Gartenseite hinüber. Wie erklärt es sich, dass der Junge den Schlauch zuerst ganz leicht findet, aber mit jedem Schritt eine größere Kraft aufwenden muss, bis er schließlich den Schlauch kaum noch weiterbewegen kann?

Je weiter der Junge geht, desto länger wird hinter der Kehre das wassergefüllte Schlauchstück, das er ziehen muss, und sein Gewicht nimmt mit jedem Meter gleichmäßig zu. Mit dem Gewicht des gleitenden Schlauchstückes wächst an den Berührungsflächen von Schlauch und Rasen der Reibungswiderstand, den der Junge zusätzlich bewältigen muss.

150
Tausend Hebel

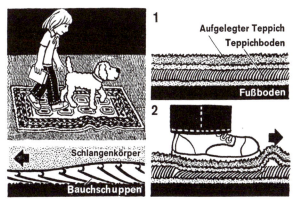

Fliegende Teppiche gibt es nur im Märchen, wandernde Teppiche aber in Wirklichkeit, nämlich dann, wenn zwei Teppiche übereinander liegen. Die Haare eines ausgelegten Teppichbodens, die wegen der besonderen Webart alle in einer Richtung stehen, greifen in die Unterseite eines lose aufgelegten Teppichs. Beim Auftreten legen sie sich zur Seite. Jedes Haar wirkt wie ein Hebel, und die Kraft aller Haare zusammen schiebt den betreffenden Teil des Teppichs um eine Haareslänge weiter.

Ganz ähnlich funktioniert übrigens die Kriechbewegung der Schlangen. Ihre breiten Bauchschuppen werden nacheinander von vorn nach hinten abgewinkelt und wieder angelegt. Sie greifen in die Unebenheiten des Bodens und schieben den Tierkörper vorwärts.

151
Rotierende Kugel

Lege eine Murmel auf den Tisch und stelle ein Marmeladenglas mit der Öffnung nach unten darüber. Du kannst die Kugel in dem Glas beliebig weit forttragen, ohne seine Öffnung nach oben zu wenden. Wie ist das möglich? Mache mit dem Glas Drehbewegungen und bringe dadurch die Kugel zum Rotieren. Sie wird von der Zentrifugal- oder Fliehkraft gegen die Innenwand des Glases gedrückt und hat dabei das Bestreben, aus der Kreisbahn heraus nach außen zu fliegen. Die Verengung des Glasgefäßes an der Öffnung verhindert, dass die Kugel herausgeschleudert wird, wenn du das Glas bei der Drehbewegung schräg hältst.

152
Stabile Schachtel

Stelle die Hülse einer Streichholzschachtel auf den Tisch und auf deren Reibfläche die Lade. Wohl jeder wird meinen, die Streichholzschachtel mit einem Faustschlag zerschmettern zu können. Probiere es! Die Schachtel fliegt fast immer ohne Beschädigung in hohem Bogen fort.
Die Lade der Streichholzschachtel hat durch die senkrecht geklebten Wände so viel Festigkeit, dass sie den Druck der auftretenden Faust an die Hülse weiterleitet, ohne zu zerbrechen. Die Hülse, deren Seitenwände selten vollkommen senkrecht stehen, weicht dem Druck zur Seite aus.

153
Elastischer Stoß

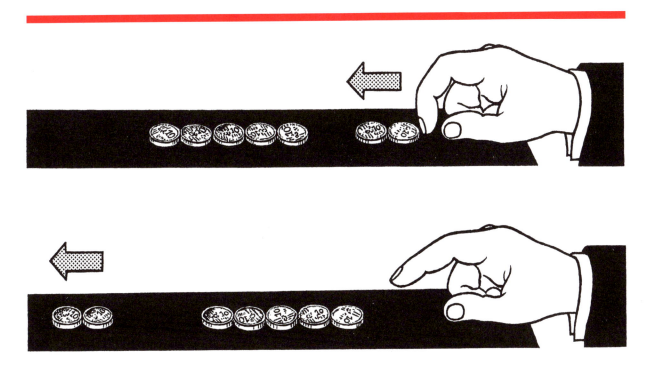

Lege mehrere Zehncentstücke hintereinander auf den Tisch, sodass sie sich berühren. Lege in einigem Abstand in Verlängerung der Reihe eine weitere Münze und schnippe sie mit dem Finger dagegen. Was passiert? Am anderen Ende gleitet ein Zehncentstück weg. Wiederhole den Versuch, indem du zwei Münzen gegen die Reihe schießt. Diesmal trennen sich zwei Münzen ab. Schnippst du drei Geldstücke, werden drei fortgeschleudert und so fort.

Das Experiment macht physikalische Gesetze deutlich: Beim Zusammenprall der Münzen kommt es zu einem elastischen Stoß, wobei die gleiche Masse wie die der geschossenen Münzen am anderen Ende der Reihe die Bewegung fortsetzt. Von der Schärfe des Schnippens hängt es ab, wie schnell und wie weit die Geldstücke vorn fortfliegen, auf ihre Anzahl hat sie jedoch keinen Einfluss.

Schall und Töne

154
Schallbecher

Stich mitten in den Boden eines Jogurtbechers ein Loch, ziehe ein Stück Faden durch und binde es innen an einem halbierten Zündholz fest. Reibe den Faden mit Bienenwachs (von einer Kerze) ein. Streichst du mit Daumen und Zeigefinger über ihn, entstehen kreischende und dröhnende Geräusche.

Das klebrige Wachs lässt den Faden ruckweise zwischen den Fingern gleiten. Die Druckunterschiede übertragen sich auf den Becherboden, der wie eine Membran schwingt und Schallwellen in der Luft erzeugt. Zieht man langsam, ist auch die Folge der Schallwellen langsam und der Ton tief. Zieht man schneller, kommen die Schallwellen in kürzeren Zeitabständen und der Ton ist höher.

155
Wasserorgel

Fülle ein dünnwandiges Glas zur Hälfte mit Wasser. Tauche deinen Zeigefinger ein und fahre mit ihm langsam auf dem Glasrand entlang. Es entsteht ein schwingender Ton. Der Versuch glückt nur, wenn der Finger nass ist. Indem er über den Glasrand reibt, versetzt er ihm winzige Stöße. Das Glas beginnt zu vibrieren, wodurch der Ton entsteht. Ist der Finger auch nur ein wenig fettig, gleitet er ohne die nötige Reibung über den Glasrand. Die Tonhöhe richtet sich nach der Wassermenge im Glas. Die Schwingungen des Glases erzeugen Schallwellen in der Luft, sie übertragen sich aber auch deutlich sichtbar auf die Wasseroberfläche.

156
Singende Gläser

Stelle zwei dünnwandige Weingläser nebeneinander auf den Tisch. Wasche deine Hände mit Seife und fahre dann mit nassem Zeigefinger langsam auf dem Rand eines Glases entlang. Dabei entsteht ein lauter, wohlklingender Dauerton.
Der Finger reibt über das Glas. Dabei bekommt es winzige Stöße, beginnt zu vibrieren und bringt die Luft zum Schwingen. Aber eigenartigerweise übertragen sich die Schallwellen auf das zweite Glas; ein darauf gelegter dünner Draht zeigt dessen Schwingungen an. Das „Mittönen" kommt nur zu Stande, wenn die Gläser beim Anschlagen die gleiche Tonhöhe haben. Ist sie unterschiedlich, lässt sie sich durch Einfüllen von etwas Wasser ausgleichen.

157
Schritte in der Tüte

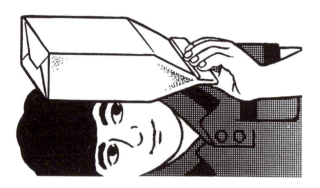

Setze für kurze Zeit eine Stubenfliege in eine glatte Papiertüte, halte die Tüte geschlossen waagerecht über dein Ohr. Wenn du dich in einem ruhigen Zimmer befindest, kannst du ganz deutlich die Trippelschritte der sechs Beinchen und andere recht seltsame Geräusche vernehmen.

Das Papier wirkt wie das Fell einer Trommel. Obwohl nur die winzigen Insektenbeine darauf klopfen, gerät es in Schwingungen und überträgt ein so kräftiges Geräusch, dass man ein größeres Lebewesen oder ein schnarrendes Uhrwerk in der Tüte vermuten könnte. Führe den Versuch nur einen kurzen Augenblick durch und lasse das Tier danach wieder frei!

158
Leitung zum Ohr

Binde in die Mitte eines etwa ein Meter langen Fadens eine Gabel, möglichst ganz aus Metall. Wickle die beiden Fadenenden mehrmals über deine Zeigefinger und halte die Fingerspitzen in die Ohren. Lasse nun die Gabel an einem harten Gegenstand anschlagen. Wenn der Faden danach straff gespannt ist, vernimmst du ein lautes, glockenähnliches Läuten.

Durch den Anschlag vibriert das Metall wie bei einer Stimmgabel. Die Schwingungen werden hier nicht durch die Luft, sondern über den Faden und die Finger direkt zum Trommelfell geleitet. Der Schall breitet sich nicht nur in der Luft, sondern auch in allen festen, flüssigen und gasförmigen Stoffen aus.

159
Brummflöte

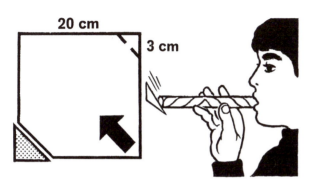

Ein quadratisches Stück Schreibpapier wird an einer Ecke abgeschnitten. Die gegenüberliegende Ecke erhält zwei kleine Einschnitte. Rolle das Papier in Pfeilrichtung über einen Bleistift zu einer Röhre und drücke die eingeschnittene Ecke leicht zur Öffnung hin. Ziehst du durch die Röhre tief Luft ein, entsteht ein lauter Brummton.

Durch die hereinströmende Luft wird die Papierecke angesaugt, da sie aber leicht federt, beginnt sie zu vibrieren und erzeugt in der Luft Schallwellen. Die Anzahl der Schallwellen pro Sekunde nennt man „Frequenz". Sie ist hier verhältnismäßig niedrig und deshalb hört man einen tiefen Ton.

160
Hohe und tiefe Töne

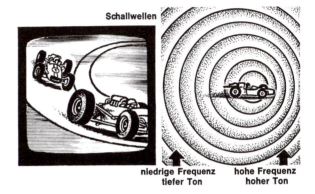

Als Zuschauer eines Autorennens hörst du das Motorengeräusch eines herannahenden Rennwagens als helles Summen, nach dem Vorbeifahren jedoch als dumpfes Brummen. Wie entstehen die unterschiedlichen Tonhöhen? Den Schallwellen, die sich vom Motor gleichmäßig schnell ausbreiten, rast der Rennwagen hinterher. Sie stauen sich vor ihm und ihr Abstand voneinander (Wellenlänge) wird geringer. Damit steigt die Frequenz (Anzahl der Schallwellen pro Sekunde) und man hört einen hohen Ton. Nachdem der Rennwagen vorbeigefahren ist, verhält es sich genau umgekehrt: Der Abstand der Schallwellen ist größer und der Ton entsprechend tief.

Licht

161
Blick in die Unendlichkeit

Halte einen Taschenspiegel so zwischen deine Augen, dass du mit beiden Augen in einen größeren Spiegel vor dir blicken kannst. Stehen die beiden Spiegel parallel zueinander, schaust du in eine unendliche Reihe von Spiegelungen, die sich wie ein gläserner Kanal in die Ferne ziehen.
Da die Glasschicht eines Spiegels nicht völlig klar ist, sondern leicht grünlich schimmert, wird bei jeder Spiegelung etwas Licht verschluckt. Dadurch wird das Bild bei zunehmender Tiefe dunkler und verschwommener.

162
Strahlengang

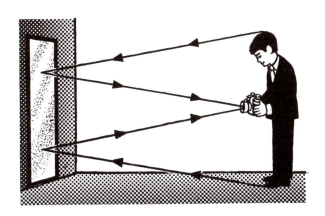

Ein Junge steht 3 m vor einem großen Wandspiegel und will sein eigenes Bild fotografieren, das er vor sich im Spiegel sieht. Auf welche Entfernung muss er die Kamera einstellen, um ein scharfes Foto zu erzielen?
Der Junge sieht sein Bild nicht etwa wie ein Plakat, das am Spiegel klebt, sondern als scheinbares Bild, das der Spiegel von ihm entwirft. Dieses erscheint genauso weit hinter dem Spiegel, wie der Junge von ihm entfernt steht. Der Strahlengang ist also doppelt so lang und die Kamera muss auf doppelte Entfernung zum Spiegel eingestellt werden, also 6 m.

163
Irrlichter

Nimm die Glasscheibe von einem Bilderrahmen und baue sie mit Hilfe von Büchern senkrecht auf dem Tisch auf. Stelle vor die Scheibe eine rote Kerze und in genau dem gleichen Abstand dahinter eine gleich große weiße.
Da sich jetzt – von vorn betrachtet – das Bild der weißen Kerze mit dem Spiegelbild der roten genau deckt, kannst du „zauberhafte" Experimente vorführen. Zündest du die rote Kerze an, zeigt sich gleichzeitig am Docht der weißen eine Flamme. Halte ein Streichholz in die „Flamme" der weißen Kerze – sie entzündet es nicht, denn sie ist ja nur ein Spiegelbild. Stülpst du schließlich ein Glas über die rote Kerze, so erlischt die Flamme langsam wegen Sauerstoffmangels – und mit ihr die der weißen Kerze hinter der Scheibe.

164
Spiegelung auf der Straße

Auf Asphaltstraßen kann man an heißen Tagen flimmernde Spiegelungen beobachten, die Wasserflächen täuschend ähnlich sehen. Wie entstehen diese Erscheinungen?
Der dunkle Asphalt nimmt die Sonnenstrahlen auf und erwärmt sich stark. Unmittelbar über dem Asphalt liegt eine Schicht heißer, verdünnter Luft, die eine geringere optische Dichte hat als die kühlere Luft darüber. Treffen Lichtstrahlen schräg von einem optisch dichteren auf einen optisch dünneren Stoff, werden sie total reflektiert. Im Kleinformat entsteht hier die Naturerscheinung, die in Wüstenländern als Fata Morgana bekannt ist. Bei windigem Wetter sieht man die Spiegelungen weniger, weil die heiße Luftschicht von der Fahrbahn fortgeweht wird.

165
Undurchsichtige Fenster

Bei einer Rast auf einem Waldweg wundern sich die Kinder in einem Auto über ein Kaninchen, das aus der Schonung hoppelt und ohne Scheu unmittelbar neben dem Auto äst. Kann das Tier die Personen im Wagen nicht sehen?
Tatsächlich, wenn das Kaninchen so nah am Auto sitzt, sieht es von unten auf den Autoscheiben nur die Spiegelung des Himmels und der Bäume, nicht aber das Wageninnere und die Personen. Da es im Auto dunkler als draußen ist, wird das Bild der Personen von dem hellen Bild überstrahlt, das sich auf den Scheiben spiegelt. Die Lichtstrahlen treffen in einem derart großen Einfallswinkel auf der Glasoberfläche auf, dass sie in einem ebenso großen Reflexionswinkel fast vollständig zum Auge des Tieres reflektiert werden.

166
Verwackelte Bilder

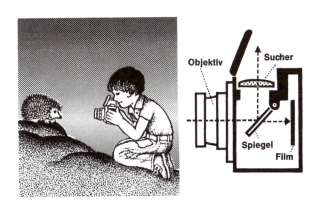

Ein Junge macht mit einer Spiegelreflexkamera Nahaufnahmen von einem Igel. Nach dem Entwickeln ist seine Enttäuschung groß, sämtliche Fotos sind verwackelt. Wie lässt sich das erklären?

In der Kamera reflektiert ein schräg gestellter Spiegel das Bild, das durch das Objektiv einfällt, nach oben in den Sucher. Beim Auslösen klappt zuerst der Spiegel hoch, und kurz danach wird der Film belichtet. Durch das klickende Geräusch des hochklappenden Spiegels bewegt sich der Igel reflexartig – gerade in dem Bruchteil der Sekunde, in dem der Film belichtet wird. Das Bild, welches in diesem Moment auf den Film projiziert wird, prägt sich in seiner ganzen Bewegung auf der lichtempfindlichen Schicht ein. Durch die Bewegung wirkt die Abbildung verwischt.

167
Spiegelung in Eiskristallen

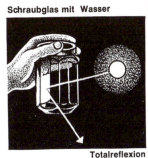

Am klaren Abendhimmel beobachtet man manchmal einen Halo, einen großen Lichtring um den Mond. Wie kommt es zu dieser Erscheinung?

Das Mondlicht fällt durch eine dünne Wolke von sechskantigen Eisnadeln in der Atmosphäre und wird jeweils von einer Fläche dieser Kristalle total reflektiert. Wir sehen die zahllosen kleinen Spiegelungen in Form eines Ringes. Einen kleinen Lichtring kann man auch abends beim Blick durch ein bereiftes Fenster auf eine helle Laterne sehen.
Experiment: Halte ein wassergefülltes, sechskantiges Honigglas seitlich vor den Mond! Du siehst dann – genau wie im Eiskristall – die Totalreflexion des Mondlichts auf einer Innenfläche des Glases.

168
Kaleidoskop

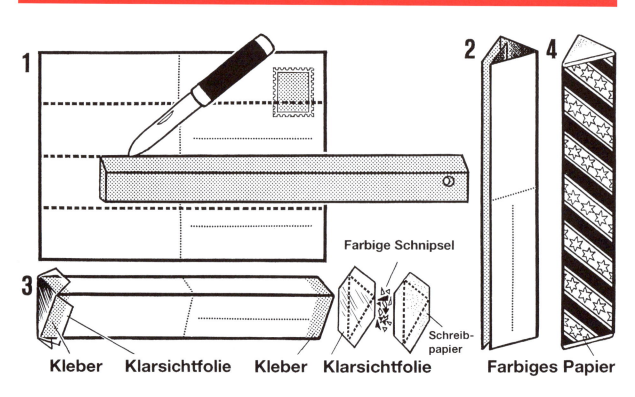

Nimm eine Hochglanz-Ansichtskarte und unterteile die Schreibseite der Länge nach in vier 2,5 cm breite Felder. Ritze die Linien vor und knicke und klebe die Karte mit der Bildseite nach innen zu einer dreikantigen Röhre. Beide Öffnungen werden mit Klarsichtfolie zugeklebt. An einer Seite klebst du außerdem weißes Schreibpapier über die Folie. Dazwischen werden winzige Schnipsel farbiger Folie eingefügt, die sich schütteln lassen.

In der Röhre zeigt sich dir ein sternförmiges Muster, das sich beim Antippen mit dem Finger verändert. Die drei Hochglanzflächen der Ansichtskarte wirken wie Spiegel und vervielfältigen das Bild der bunten Schnipsel.

169
Spiegelnder Kopf

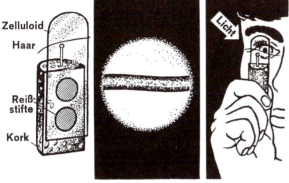

Drücke eine Stecknadel mit blankem Kopf in einen der Länge nach halbierten Korken und befestige daran einen Streifen Klarsichtfolie als Augenschutz. Betrachtest du unter einer hellen Lampe die winzige Lichtspiegelung auf dem Nadelkopf, indem du ihn ganz nah an das Auge heranführst, erscheint sie dir als tellergroßer Lichtkreis. Ein Haar, das an der angefeuchteten Klarsichtfolie haftet, siehst du in dem Lichtkreis fingerbreit vergrößert.
Der Nadelkopf wirkt wie ein kleiner erhabener Spiegel. Das Licht, das auf ihn trifft, wird bei der Reflexion in die Breite geleitet und bestrahlt ein entsprechend großes Feld auf der Netzhaut des Auges.

170
Gebündelte Sonnenstrahlen

Im Freien fortgeworfene Dosen stellen für die Natur eine besondere Gefahr dar: Sie können Brände verursachen! Wie ist das möglich? Viele Dosen haben – um dem Innendruck standzuhalten – einen nach innen gewölbten Boden. Da dieser oft blank ist, wirkt er wie ein Hohlspiegel, der Sonnenstrahlen reflektiert und bündelt. Im Brennpunkt kann es so heiß werden, dass sich dort trockenes Laub entzünden kann.
In der Praxis nutzt man diese Erkenntnis, etwa in tropischen Ländern, wo Hohlspiegel zum Kochen benutzt werden. In den USA gibt es Sonnenkraftwerke mit riesigen Hohlspiegeln, in deren Brennpunkt bei Temperaturen bis zu 3 000 Grad Celsius Eisen geschmolzen oder Meerwasser destilliert werden kann.

171
Gebogene Lichtleiter

Stecke eine dünne, hell leuchtende Stablampe (in einem wasserdichten Klarsichtbeutel) von innen in die Tülle einer gefüllten Gießkanne. Beim Gießen im Dunkeln glitzert der Wasserbogen ein wenig, weil einige Lichtstrahlen durch seine gekräuselte Oberfläche nach außen gelangen. Wo der Wasserbogen auf die Erde trifft, zeigt sich ein Lichtfleck.
Durch dünne, biegsame Lichtleitfasern aus Glas und Kunststoff kann man Licht senden und Bilder übertragen. Lichtleitfasern finden in Industrie, Raumfahrt und Medizin Verwendung – oder auch nur als „Fontänenleuchte". Die Strahlen einer Lichtquelle gehen durch einen gebogenen Leitfaden im Zickzack, weil sie darin immer wieder total reflektiert werden.

172
Silbrige Fingerabdrücke

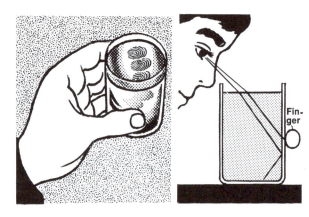

Halte ein mit Wasser gefülltes Glas in der Hand und blicke von oben hinein. Du siehst seitlich an der spiegelnden Glaswand die erhabenen Hautleisten der Fingerkuppen; die Rillen dazwischen aber glänzen silbrig. Warum wird nicht die ganze Fläche der Haut sichtbar? Die Lichtstrahlen werden auf ihrem Weg durch Wasser und Glas zur Hautoberfläche ein wenig gebrochen. Anders ist der Weg des Lichts, das in diesem Einfallswinkel aus den optisch dichteren Mitteln Wasser und Glas kommt und auf das optisch dünnere Mittel Luft trifft. Diese Lichtstrahlen werden ins Wasser zurückgeworfen und erzeugen überall da, wo außen Luft ist, einen Spiegelglanz – auch in den Rillen der Haut.

173
Geheimnis der 3-D-Bilder

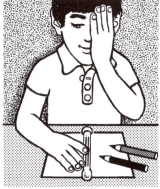

Wie entstehen die verblüffenden Bilder bei den dreidimensionalen Postkarten?
Das Geheimnis liegt in den feinen, senkrechten Riffeln aus durchsichtigem Kunststoff. Zwei aus verschiedenem Winkel fotografierte Bilder sind hier so angeordnet, dass jeweils ein dünner Streifen beider Bilder unter jedem Riffel liegt. Bei der Betrachtung werden – durch die besondere Lichtbrechung – jedem Auge nur die Streifen eines Bildes sichtbar, und die zahlreichen Bildstreifen vereinigen sich zu einem plastischen Bild.
Ein Experiment verdeutlicht das Prinzip: Zeichne im Abstand von 2 mm zwei verschiedenfarbige senkrechte Linien und lege ein durchsichtiges, rundes Rührstäbchen aus Glas darüber. Decke die Augen abwechselnd ab: Jedes Auge sieht nur eine farbige Linie.

174
Decoder

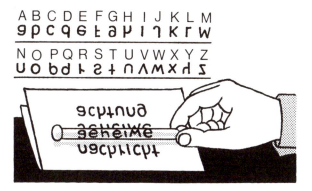

Wenn du eine geheime Botschaft zu Papier bringen willst, benutze doch mal dieses Alphabet und übertrage die spiegelverkehrten Buchstaben zeilenweise (etwa 0,5 cm groß) auf das Papier.
Der Empfänger deiner Nachricht benötigt ein durchsichtiges, zylindrisches Rührstäbchen (Grogstäbchen) aus Glas oder Plastik, um den Code zu knacken und deine Botschaft zu entziffern. Er hält das Stäbchen waagerecht etwa 1 cm über die Zeilen und sieht infolge der Lichtbrechung die spiegelverkehrten Buchstaben wiederum spiegelverkehrt – also jetzt richtig herum. Und so kann er die Wörter lesen.

109

175
Gefangenes Licht

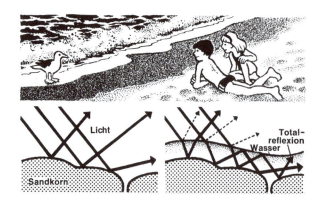

Feuchter Sand am Strand erscheint dunkler als trockener. Wie kommt das, Wasser ist doch farblos und durchsichtig?
Sand besteht aus Quarzkörnchen, deren glatte Flächen die Sonnenstrahlen in alle Richtungen reflektieren. Deshalb sieht feiner, trockener Sand fast weiß aus. In feuchtem Sand wird dagegen ein Teil des Lichts von der dünnen Wasserschicht verschluckt, die die Körnchen umgibt. Alle Lichtstrahlen, die von der Oberfläche der Körnchen so reflektiert werden, dass sie flach auf die Grenzfläche Wasser–Luft treffen, werden ins Wasser zurückgeworfen. Es gelangen also nur steil auf die Grenzfläche treffende Strahlen zum Auge, außerdem das Licht, das bereits über der Wasserschicht reflektiert wird und das Glitzern hervorruft.

176
Blick durch mattes Glas

Ein Detektiv verrät einen Trick, wie man durch eine Mattglasscheibe schauen kann: Man klebt ein Stück Klebefilm auf die matte, leicht raue Seite der Scheibe, glättet es mit dem Fingernagel und hat an dieser Stelle klare Sicht. An der Oberfläche der Scheibe, die durch Ätzen mit Flusssäure oder Bearbeitung mit einem Sandstrahlgebläse aufgeraut worden ist, werden die einfallenden Lichtstrahlen in alle Richtungen zerstreut und es scheinen bestenfalls nur stark verschwommene Umrisse durch. Die Klebeschicht des Films füllt die Unebenheiten auf der Glasoberfläche aus, sodass hier die Lichtstrahlen wie durch klares Fensterglas parallel hindurchgehen und auf der Netzhaut des Auges ein scharfes Bild zeichnen.

178
Verkürzter Löffel

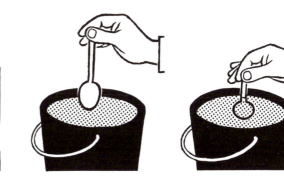

Blicke flach über den Rand in einen Eimer voll Wasser und tauche einen Löffel senkrecht hinein. Unter Wasser sieht der Löffel wesentlich kürzer aus. Wie kommt das?
Diese Täuschung beruht darauf, dass die vom eingetauchten Löffel reflektierten Lichtstrahlen nicht in gerader Linie in dein Auge fallen. Sie werden an der Wasseroberfläche in einem Winkel abgelenkt und man sieht daher die Löffelspitze weiter oben. Gewässer wirken wegen der Lichtbrechung immer flacher als sie tatsächlich sind. Das wussten auch die Indianer. Wollten sie mit Pfeil oder Speer Fische im Wasser treffen, mussten sie ein gutes Stück tiefer zielen.

inen Esslöffel
Minuten
er in ein zylin-
sichtig über
ser auf. Stellst
Bleistift
scheint er

Die vom eingetauchten Bleistift reflektierten Lichtstrahlen werden beim Übergang in das Wasser in einem bestimmten Winkel abgelenkt. Im Salzwasser ist der Brechungswinkel der Lichtstrahlen noch größer, denn es hat eine größere optische Dichte als reines Wasser.

179
Sichtbare Gaswirbel

Übergießt man in einem Becher etwas doppeltkohlensaures Natron mit Essig, entwickelt sich Kohlendioxid. Dieses Gas kann man gewöhnlich nicht sehen, aber man kann es sichtbar machen: Neige den Becher mit dem schäumenden Inhalt im Sonnenlicht vor einem weißen Hintergrund. Du siehst nun das Gas, das schwerer als das Luftgemisch ist, in dunklen und hellen Schlieren aus dem Becher fluten.

Da Kohlendioxid eine andere optische Dichte als Luft hat, werden die Lichtstrahlen beim Durchtritt durch die Gaswolke gebrochen. Die hellen Wirbel an der Wand entstehen da, wo bei der Lichtbrechung vermehrt Licht hingelenkt wird, die dunklen Wirbel, wo Licht abgelenkt wird.

180
Lichtspiele

Richte in einem abgedunkelten Zimmer eine Lampe mit Reflektorbirne auf eine weiße Wand und stelle senkrecht vor die Lampe ein Vergrößerungsglas. Du kannst nun verschiedene Bilder projizieren: Die Beschriftung der Glühlampe und davorgehaltene Gegenstände werden groß auf der Wand sichtbar. Hält man ein Diapositiv, in eine Pappblende geklemmt, nah an die Lampe, kann man es vergrößert betrachten.

Die Abstände zwischen beleuchtetem Gegenstand, Linse und Bildschirm müssen so eingestellt sein, dass das Bild scharf erscheint. Es kann verkleinert oder vergrößert werden, bleibt aber umgekehrt und seitenvertauscht. Ganz ähnlich funktioniert ein Film- oder Diaprojektor.

181
Moirémuster

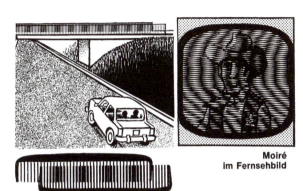

Moiré im Fernsehbild

Auf der Autobahn erkennt man im Gitter der Brückengeländer sich abwechselnde helle und dunkle Muster. Wie entstehen sie? Wegen der unterschiedlichen Entfernung der Geländer zum Auge erscheinen die Abstände der Gitterstäbe verschieden groß. Mal stehen die Stäbe hintereinander, mal nebeneinander, mal genau auf Lücke und verändern so in einem bestimmten Rhythmus den Durchblick. Ein derartiges Muster, Moiré genannt, entsteht, wenn Abstand oder Winkel übereinander liegender Linien nicht übereinstimmen, zum Beispiel in den Falten einer Tüllgardine, im Raster eines Zeitungsfotos oder in zwei unterschiedlichen Kämmen, die man voreinander hin und her bewegt. Im Fernsehbild erscheint ein Moiré, wenn auf Grund einer Störung die Zeilensynchronisation nicht stimmt.

182
Sonnenkollektor

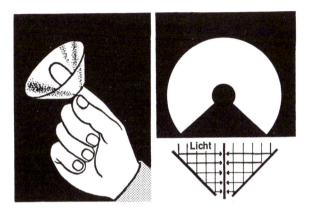

Klebe aus Alufolie nach dem Muster einen Trichter, stecke ihn auf einen Finger und richte ihn auf die Mittagssonne. Es wird bald eine beachtliche Erwärmung am Finger spürbar.
Die Sonnenstrahlen werden von der blanken Trichterwand auf die Mittelachse reflektiert, die der Finger darstellt. Steckt man den Finger in den ausmontierten Hohlspiegel einer Fahrrad- oder Taschenlampe, werden die Sonnenstrahlen unerträglich heiß. Sie sammeln sich hier auf dem Brennpunkt des Hohlspiegels, in dem sonst die Glühbirne steckt. Die Hitzeentwicklung ist so groß, dass man mit dem Hohlspiegel leicht ein Feuer entfachen kann.

113

183
Sonnenturbine

Schneide eine große Plastikflasche auf einer Seite auf, bemale sie innen mit schwarzer Temperafarbe und klebe Klarsichtfolie über den oberen Teil der Öffnung. Bastle aus einem Stück Alufolie das Turbinenrad etwa in der Größe eines 2-Euro-Stücks und forme die Drehnabe über einem stumpfen Bleistift. Das Turbinenrad wird sechsmal eingeschnitten, propellerartig gebogen und dann mit zwei Stecknadeln und einem Stückchen Radiergummi leicht drehbar über dem Mundstück der Flasche montiert. Richtest du nun die Öffnung der Flasche auf die Sonne, dreht sich das Rad unentwegt.

Hier wird Sonnenenergie in Bewegungsenergie umgewandelt. Da die geschwärzten Flächen in der Plastikflasche das Sonnenlicht verstärkt aufnehmen (absorbieren), erwärmt sich die Luft im Hohlraum beachtlich. Sie dehnt sich aus, wird damit leichter, strömt nach oben und treibt das Turbinenrad an, während von unten kühle Luft nachströmt.

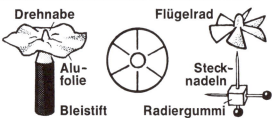

184
Lichtmühle

Hier dreht sich ein Flügelrad in der Sonne, weil seine blanken Seiten Licht reflektieren und die geschwärzten Seiten Licht absorbieren. Die verschieden starke Wärmeabstrahlung der Flügelseiten verursacht die Drehung.
Bastle das Flügelrad aus Alufolie, indem du die Drehnabe über einer Bleistiftspitze formst, aus der Folie eine 5 cm breite Scheibe schneidest, sie sechsmal einkerbst und die Flügel schaufelförmig drehst. Ihre blanken Seiten müssen jeweils in die gleiche Drehrichtung weisen. Die matten Seiten werden mit schwarzer Temperafarbe bemalt. Das Flügelrad wird auf einer Nähnadel in einem Marmeladenglas eingebaut. Stecke die Nadel in eine Korkscheibe und klebe diese auf der Innenseite des Deckels fest. Setze das Flügelrad auf die Nadelspitze; es soll sich spielend drehen. Darüber wird das Glas fest aufgeschraubt, nachdem du auf Gewinde und Deckelrand Alleskleber aufgetragen und in den Deckel von außen ein feines Loch gestochen hast. Nun erhitzt du das Glas kurz auf dem Herd und deckst das Loch sofort mit Klebefilm ab. Dadurch verdünnt sich die Luft im Glas nach dem Abkühlen, und der Luftwiderstand wird geringer. Stellst du das Glas in die pralle Sonne, dreht sich das Flügelrad andauernd. Klebe auf die Glasrückseite Alufolie: Sie reflektiert Licht und verstärkt die Drehung.

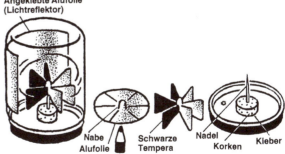

Angeklebte Alufolie (Lichtreflektor)

Nabe Alufolie   Schwarze Tempera   Nadel Korken   Kleber

185
Bunter Ring

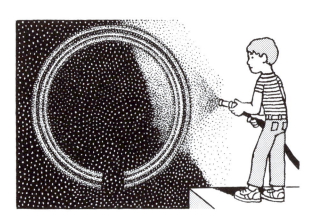

Die Himmelserscheinung eines Regenbogens hast du bisher sicher nur als Halbkreis gesehen. Einen vollen Kreis kannst du dir bei Sonnenschein selbst zaubern. Stelle dich am späten Nachmittag draußen auf einen Stuhl oder auf eine Mauer mit dem Rücken zur Sonne und sprühe mit dem Wasserschlauch einen feinen Regen. Vor dir entsteht ein ringförmiger Regenbogen; allein der Schatten deines Körpers unterbricht den Kreis. Das Sonnenlicht wird in den Wassertropfen gebrochen und dabei in seine farbigen Bestandteile zerlegt: Rot, Orange, Gelb, Grün, Blau, Indigo, Violett. Du siehst die Spektralfarben aber nur in den Tröpfchen, die in einem ringförmigen Streifen in einem Blickwinkel von 85° vor dir niederfallen. Je nach Winkel zum Auge erstrahlt dort jeder Tropfen in einer der sieben Farben.

186
Sonnenspektrum

Lege ein Stück weißes Papier auf das Fensterbrett und stelle darauf ein glattes Whiskyglas, randvoll mit Wasser gefüllt. Befestige an dem Glas eine Postkarte mit einem Schlitz von 1 x 10 cm Größe und richte das Glas so aus, dass ein Streifen des Sonnenlichts auf die Wasseroberfläche fällt. Auf dem Papier zeigt sich ein prächtiges Spektrum; die Farben Rot, Orange, Gelb, Grün, Blau, Indigo, Violett sind deutlich zu unterscheiden.
Der Versuch ist nur morgens oder abends zu machen, wenn das Sonnenlicht flach einfällt. Mittags musst du zwei Bierdeckel unter das Glas legen, sodass es leicht schräg steht.
Das Licht wird an der Wasseroberfläche und an der Glaswand gebrochen und dabei in seine farbigen Bestandteile zerlegt. Das klappt übrigens auch mit Taschenlampenlicht.

187
Spektrum in der Feder

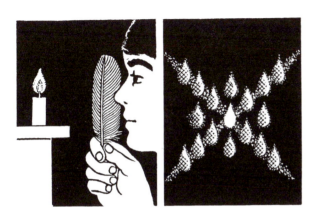

Halte in einem dunklen Zimmer eine große Vogelfeder dicht vor ein Auge und blicke auf eine 1 m entfernt stehende brennende Kerze. Die Flamme erscheint in einer x-förmigen Anordnung vervielfacht, wobei sie in den Spektralfarben schillert.
Die Erscheinung wird durch die so genannte „Beugung" am Spalt hervorgerufen. Zwischen den regelmäßig angeordneten Federteilchen (Äste und Strahlen) befinden sich enge Spalte mit scharfen Rändern. Beim Durchtritt wird das Licht „gebeugt", das heißt, es wird abgelenkt und in die Spektralfarben zerlegt. Da du durch mehrere Spalte gleichzeitig siehst, erscheint dir die Flamme mehrfach.

188
Farbkreisel

Schneide aus weißem Karton eine Scheibe von 10 cm Durchmesser aus. Male die Felder wie angegeben mit Filzstiften in hellen, klaren Tönen an. Klebe die Scheibe auf eine halbierte Garnspule aus Karton, stecke einen Bleistiftstummel hindurch und lasse sie kreiseln. Wie verhext verschwinden die Farben, und die Scheibe erscheint weiß bis hellgrau.
Die Farben auf der Scheibe entsprechen den Spektralfarben, aus denen sich das Sonnenlicht zusammensetzt. Beim Drehen nehmen unsere Augen die einzelnen Farben einen Moment wahr. Da die Augen jedoch zu träge sind, um die schnell wechselnden Farbeindrücke zu unterscheiden, teilen sich diese dem Gehirn als weiße oder hellgraue Fläche mit.

189
Augenstäubchen

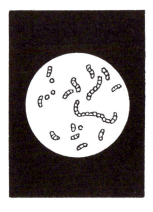 

Stich mit einer Nadel ein Loch in eine Karte und blicke durch das Loch auf eine brennende matte Glühbirne. Du wirst im Blickfeld eigenartige Gebilde entdecken, die wie winzige Bläschen vor dir schweben.
Das ist keine optische Täuschung! Die Gebilde sind winzige Trübungen in deinem Auge, die Schatten auf die Netzhaut werfen. Da sie schwerer als die Flüssigkeit des Auges sind, wandern sie nach jedem Augenaufschlag immer wieder nach unten. Legst du den Kopf auf die Seite, streben die Augenstäubchen zum Augenwinkel hin, ein Zeichen dafür, dass sie der Schwerkraft folgen.

190
Zuckende Blitze

(siehe hinteren Buchdeckel)

Blicke bei schummrigem Licht abwechselnd links und rechts auf den blauen Himmel des Bildes. Dort zucken in einem fort helle Blitze auf, sooft du die Pupillen hin- und herbewegst. Wie lässt sich diese Erscheinung erklären? Beim Blick auf das Bild prägt es sich auf der Netzhaut der Augen ein. Es wirkt auf ihr noch einen kleinen Moment nach, wenn man den Blick abwendet. So kommt es, dass das Nachbild des roten Blitzes auf der Netzhaut das Blau des Himmels überlagert. Diese beiden gegensätzlichen Farben zusammen erzeugen in unserem Gehirn den Eindruck von weißem Licht. Da sich bei jeder kleinsten Augenbewegung ein neues Nachbild des Blitzes abzeichnet, wiederholt sich der Vorgang laufend.

191
Seltsame Vergrößerung

Stich mit einer Stecknadel ein winziges Loch in eine Karte aus schwarzem Karton. Halte es dicht ans Auge und blicke hindurch. Bringst du eine Zeitung in unmittelbare Nähe, erscheint die Schrift vergrößert und ist deutlich lesbar. Die Erscheinung beruht in erster Linie auf der so genannten Beugung des Lichtes. Die durch das kleine Loch einfallenden Lichtstrahlen werden in die Breite geleitet, und die Buchstaben erscheinen daher vergrößert. Die Bildschärfe kommt – ähnlich wie bei einem Fotoapparat – durch die Blendenwirkung der kleinen Öffnung zu Stande: Es gelangen nur schlanke Strahlenbündel hindurch, während störende Randstrahlen, die das Bild unscharf machen würden, abgehalten werden. Die kleine Lochblende kann dir im Notfall eine Brille ersetzen.

192
Mondrakete

Halte das Bild so, dass sich deine Nasenspitze ziemlich nah am Stern befindet, und drehe das Bild langsam links herum. Die Rakete fliegt ins Weltall und landet wieder auf dem Mond. Zuerst sieht das rechte Auge nur die Rakete und das linke nur den Mond. Wie beim normalen Sehen werden die beiden Bildeindrücke im Gehirn zusammengefügt, sodass die Rakete scheinbar auf der Abschussrampe liegt.
Dreht man das Bild nach links, schielen beide Augen auf die Rakete und verfolgen sie in ihrer Bewegung über die Nase, bis nach einer Drehung um 180° die beiden Bildhälften erneut zusammenrücken.

119

193
Feuerzeichen

Wenn im Herbst ein Reisigfeuer brennt, macht es Spaß, leuchtende Zeichen in die Luft zu schreiben. Nimm einen dünnen Birkenzweig aus der Glut, lasse ihn kreisen und wippen. Dabei wird sein glimmendes Ende nicht nur als ein heller Punkt sichtbar, sondern als rot glühende Linie. Es entstehen vollständige leuchtende Kreise, Zickzackmuster und Buchstaben.
Durch die Pupillen unserer Augen, die in der Dunkelheit weit geöffnet sind, gelangen die Bilder der roten Glut voll hinein und blenden die betroffenen Sehzellen. Da die Augen träge sind und sich die roten Eindrücke der Glut besonders lange halten, verschmelzen sie hier zu Linien und Zeichen, die an eine rote Neon-Leuchtreklame erinnern.

194
Rote Pupillen

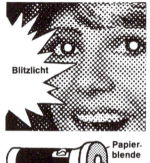 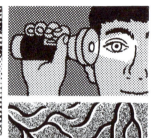

Auf Farbfotos, die im dunklen Raum mit Blitzlicht geschossen wurden, sehen die Augen der Personen häufig rot aus. Warum? Die Pupillen, die im Dunkeln zur vermehrten Lichtaufnahme weit geöffnet sind, reagieren zu langsam, wenn das grelle Blitzlicht sie frontal trifft. Es leuchtet voll ins Auge und bringt die Blutgefäße der Netzhaut auf den Film.
Die feinen Äderchen kannst du auch anders sichtbar machen: Leuchtest du im Dunkeln mit einer Taschenlampe von der Seite ins Auge, siehst du die verzweigten Äderchen vor dir wie Risse in einer Wand. Die Äderchen, die über der Netzhaut liegen, nimmst du normalerweise nicht wahr, weil sich die Sehzellen unter ihnen an sie gewöhnt haben. Werden sie aber seitlich angestrahlt, werfen sie Schatten auf benachbarte Sehzellen.

195
Lichtstreifen im Auge

 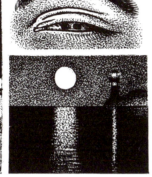

Betrachtet man am Abend mit blinzelnden Augen die Lichter auf der Straße, verschwimmen sie zu senkrechten hellen Streifen. Hält man dabei den Kopf schief, stehen die Lichtstreifen schräg, ein Zeichen dafür, dass sie im oder am Auge entstehen.
Es handelt sich hier um eine Reflexion des Lampenlichts auf der Tränenflüssigkeit am oberen und unteren Lidrand, eine Wasserspiegelung im Miniformat: Die Augen sehen die hellen Lampen normal. Zusätzlich reflektiert die Flüssigkeit, die bei halb geschlossenen Lidern unmittelbar vor der Pupillenöffnung steht, das Lampenlicht in Form von langen hellen Streifen auf die Netzhaut.

196
Räder im Film

Häufig beobachtet man im Kino oder im Fernsehen, dass die Räder eines schnell fahrenden Pferdewagens oder Autos stillzustehen oder sich rückwärts zu drehen scheinen. Wie kommt es zu dieser Täuschung?
Bei der Filmaufnahme werden in der Kamera pro halbe Sekunde zwölf Bilder belichtet. Dreht sich ein Rad mit zwölf Speichen in einer halben Sekunde einmal herum, haben folglich die Speichen auf allen zwölf Bildern die gleiche Stellung und bei der Filmvorführung steht das Rad scheinbar still. Man sagt, die Filmbilder und Speichen laufen synchron. Verlangsamt sich die Drehung des Rades geringfügig, bleibt jede Speiche auf jedem Bild ein Stückchen weiter zurück – und das Rad dreht sich scheinbar rückwärts.

121

197
Fernsehkreisel

Mache aus einem Bierdeckel und einem Bleistiftstummel einen Kreisel, beklebe den Bierdeckel mit schwarzem Papier und einem Stern von fünf weißen Streifen. Drehst du den Kreisel im dunklen Zimmer vor dem hellen Fernsehschirm, siehst du die Streifen zuerst als verwischte Fläche, dann aber als helle Rippen, die sich vor- und zurückbewegen und schließlich stillstehen.

Im Fernsehen werden pro Sekunde 25 Bilder gesendet, nach jedem Bild herrscht eine kleine Lichtpause. Das An und Aus wird auf den sich drehenden Streifen sichtbar. Bei fünf Umdrehungen pro Sekunde ist der Kreisel gerade so schnell, dass die fünf Streifen jeweils in derselben Stellung von einem Fernsehbild belichtet werden. Der Stern steht dann eine Weile scheinbar still.

198
Lichtfächer

Halte ein helles Stäbchen zwischen Daumen und Zeigefinger und wippe es bei Neonlicht auf und ab. Man sieht nicht eine verwischte helle Fläche, sondern einen Fächer mit hellen und dunklen Rippen.

Neonröhren enthalten ein Gas, das durch elektrischen Strom aufleuchtet. Auf Grund von kurzen Unterbrechungen im Wechselstrom geht aber ihr Licht 50-mal in einer Sekunde an und aus. Normalerweise nimmt das Auge wegen seiner Trägheit die Lichtpausen nicht wahr. Das wippende Stäbchen wird in schneller Folge beleuchtet und verdunkelt: Es bewegt sich scheinbar ruckartig. In einer Glühbirne glüht der Metallfaden in den kurzen Stromunterbrechungen weiter.

199
Kinematografischer Effekt

Wenn man vor einem Lattenzaun steht, kann man durch seine schmalen Spalten nur wenig von dem erkennen, was sich dahinter befindet. Fährt man aber dicht am Zaun entlang, erscheint er nahezu durchsichtig. Unsere Augen sind träge: Das Bild, das beim Entlangfahren durch eine Zaunspalte erfasst wurde, bleibt noch eine Weile auf der Netzhaut stehen, bis sich auf ihr das Bild der nächsten Zaunspalte einprägt. Die einzelnen Bildeindrücke verschmelzen im Gehirn zu einem zusammenhängenden Bild, ähnlich wie im Kino, wo in einer Sekunde 24 Filmbilder flimmerfrei ablaufen. Die dunklen Latten im Vordergrund werden nur als verwischte Fläche wahrgenommen.

200
Puzzlebild

Wenn ein Eisenbahnzug unterwegs hält, versperren oft Büsche am Bahndamm die Sicht aus dem Fenster. Fährt der Zug ab, wird die grüne Wand „durchsichtig". Wie kommt das? Die Blätter im Vordergrund ziehen bei der Fahrt so rasch am Abteilfenster vorbei, dass sie nur als verwischte grüne Fläche wahrgenommen werden. Die zahlreichen hellen Blattlücken dazwischen mit den Bildausschnitten des Hintergrundes prägen sich hingegen auf der Netzhaut ein. Die Eindrücke bleiben dort als „Nachbilder" eine Weile erhalten und setzen sich im Gehirn wie Puzzlebildchen zu einem Gesamtbild zusammen.

201
Schlossgespenst

In dieser Ruine geistert ein Nachtgespenst! Halte das Bild der schwarzen Figur rechts in normaler Leseentfernung vor deine Augen und blicke bei hellem Licht eine Minute lang starr auf ihren Mund. Schaust du gleich danach in das Tor der Schlossruine, erscheint dort nach etwa 10 Sekunden das Scheinbild eines weißen Gespenstes.

Beim Betrachten der Figur bleibt der von der schwarzen Fläche betroffene Teil der Netzhaut unbelichtet. Die übrigen Sehzellen werden vom hellen Papier geblendet und ermüden rasch. Blickst du nun in das Tor, nehmen die ermüdeten Sehzellen das Weiß des Papiers nicht in voller Helligkeit wahr, sondern als graue Fläche. Die anderen Sehzellen dagegen empfinden den weißen Ton des Papiers umso strahlender.

202
Goldfisch im Aquarium

(siehe hinteren Buchdeckel)

Blicke bei hellem Licht eine Minute lang starr auf das Auge des weißen Fisches. Siehst du dann auf den Punkt im leeren Goldfischglas, erscheinen darin nach einigen Sekunden leuchtend grünes Wasser und ein roter Fisch. Wenn die Augen längere Zeit auf das linke Bild gestarrt haben, ermüdet der Teil der lichtempfindlichen Netzhaut, der von der roten Fläche bestrahlt wurde. Die betroffenen Sehzellen werden für Rot unempfindlich. Beim Blick auf die weiße Fläche des rechten Bildes nehmen sie deshalb die roten Strahlen, die im weißen Licht enthalten sind, nicht wahr. Sie nehmen nur noch seine gelben und blauen Bestandteile auf, die zusammen Grün ergeben. Der Netzhautteil aber, der das Bild des weißen Fisches wahrgenommen hat, empfindet jetzt Rot.

203
Wackelpudding

(siehe hinteren Buchdeckel)

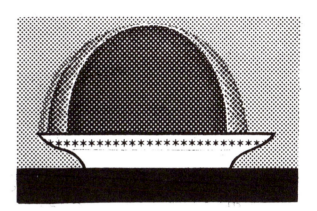

Halte das farbige Bild mit dem Pudding – am besten bei schummrigem Lampenlicht – in normaler Leseentfernung vor die Augen und bewege es seitlich hin und her. Der Pudding scheint zu wackeln und beinahe über den Teller zu schwappen.

Das Wackeln entsteht dadurch, dass Eindrücke von warmen Farben (zum Beispiel Rot und Braun) länger auf der Netzhaut unserer Augen bleiben als von kalten Farben (wie Blau und Grün). Bewegt man das Bild, gehen Hintergrund und Teller normal mit. Der Pudding folgt der Bewegung aber erst eine Weile später. Ein echter Pudding verhält sich beim Hinundherbewegen infolge seiner Trägheit ganz ähnlich, daher der verblüffende Effekt.

Sinnestäuschungen

204
Geisterballon

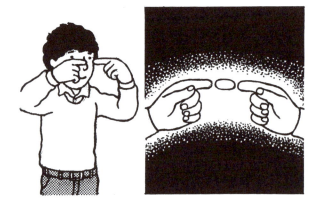

Halte deine Zeigefinger so, dass sie sich etwa 30 cm vor deiner Nasenspitze berühren, und blicke über die Fingerspitzen hinweg zur gegenüberliegenden Wand. Dabei wirst du ein seltsames Gebilde wahrnehmen, das scheinbar wie ein winziger Ballon zwischen deinen Fingerspitzen schwebt.

Beim Blick über die Finger stellen sich die Augen scharf auf die Wand ein. Die Finger aber werden dabei so auf die Netzhaut projiziert, dass sich die beiden Bildeindrücke im Gehirn nicht überdecken. Jedes Auge sieht die Spitzen beider Finger doppelt, und die zusätzlichen Bilder der Fingerspitzen vereinen sich schließlich in der Mitte zu einem rundlichen oder länglichen Scheingebilde.

205
Loch in der Hand

206
Verschwundenes Kaninchen

Rolle ein Stück Schreibpapier zu einer Röhre und schaue mit dem rechten Auge hindurch. Links neben die Papierröhre hältst du die geöffnete linke Hand. Nun wirst du ein Loch entdecken, das scheinbar mitten durch die Handfläche führt. Kannst du dir erklären, wie diese Täuschung zu Stande kommt?
Das rechte Auge sieht nur das Innere der Röhre, das linke dagegen die flache Hand. Wie beim normalen Sehen werden die Eindrücke, die jedes Auge für sich wahrnimmt, im Gehirn zu einem plastischen Bild zusammengefügt. Es wirkt hier besonders echt, weil das Bild vom Inneren der Röhre, das sich auf die Handfläche überträgt, perspektivisch ist.

Betrachte diese Zeichnung in normaler Leseentfernung. Decke mit einer Hand das linke Auge ab und blicke mit dem rechten Auge starr auf den Zauberstab, sodass das Kaninchen nur seitlich im Blickfeld sichtbar bleibt. Wenn du nun die Zeichnung langsam dem Auge näherst, verschwindet das Kaninchen plötzlich.
Das Bild wird durch eine große Zahl lichtempfindlicher Sinneszellen auf der Netzhaut des Auges wahrgenommen. Diese fehlen jedoch an einer bestimmten Stelle auf der Netzhaut, und zwar genau dort, wo der Sehnerv durch den Augapfel führt. Diese Stelle kann folglich keine Reize wahrnehmen. Man bezeichnet sie als „blinden Fleck". Wenn nun beim Bewegen der Zeichnung der durch die Augenlinse kommende Bildeindruck des Kaninchens auf diese Stelle fällt, ist es unsichtbar.

207
Entfernungsmessen

Zeichne auf ein Blatt Papier einen Punkt und lege es vor dir auf den Tisch. Versuche nun, mit einem Bleistift durch eine senkrechte Bewegung den Punkt zu treffen. Das wird dir leicht gelingen. Schließt du jedoch ein Auge, verfehlst du fast immer das Ziel.

Mit nur einem Auge lässt sich eine Entfernung zu dem Punkt nur schwer abschätzen. Erst mit zwei Augen kann man plastisch sehen und die Tiefe eines Raumes erfassen. Jedes Auge für sich fixiert den Punkt aus einem anderen Winkel (beachte, wie sich die Winkel verändern, wenn du dich dem Punkt näherst).

Aus der Größe dieser Winkel kann dann das Gehirn ziemlich genau die Entfernung zum Punkt bestimmen.

208
Verwirrte Schrift

Wetten, dass du deinen Namen nicht schreiben kannst, wenn du gleichzeitig mit einem Bein kreisförmige Bewegungen ausführst? Mehr als ein unleserliches Gekritzel kommt dabei nicht heraus.

Es gelingt dir wohl, die kreisförmigen Beinbewegungen in gleicher Richtung mitzuzeichnen. Sobald du jedoch die Kreise andersherum ziehst, geraten die Bewegungen durcheinander. So kommt es, dass sich die Beinbewegungen in die Schrift einmogeln.

Jede Tätigkeit erfordert so viel Konzentration, dass nicht beide gleichzeitig ausgeführt werden können. Ähnlich wird übrigens deine Konzentration beeinträchtigt, wenn du Schularbeiten machst und dabei Musik hörst.

210
Schreibfehler

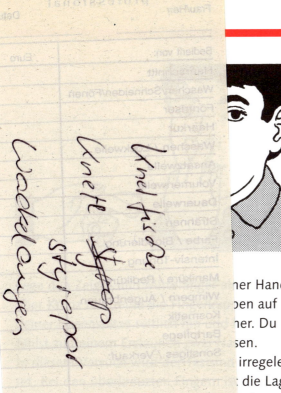

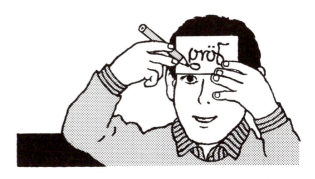

Halte eine Karte vor deine Stirn und versuche, deinen Namen darauf zu schreiben. Du wirst dich wundern, was dabei herauskommt.
Der Name steht nämlich in Spiegelschrift geschrieben.
Bei dem ungewohnten Schreibversuch vergisst man, dass man nicht nur den Bleistift, sondern auch die Schreibrichtung umkehren muss.
Aus reiner Gewohnheit hast du wie sonst beim Schreiben links begonnen und rechts aufgehört. Dadurch ist die Schrift seitenverkehrt geworden.

211
Problem mit Kleingeld

Wie schwer sind eigentlich unsere Münzen, wenn man ihr Gewicht miteinander vergleicht? Was meinst du, wie viele Centstücke nötig sind, um das Gewicht einer Zwei-Euro-Münze aufzuwiegen, 10, 20 oder 50?
Weil das Zwei-Euro-Stück in unserem Bewusstsein eine recht schwere und dicke Münze ist, das Centstück aber etwas ganz Winziges verkörpert, täuscht man sich. Wiege die Geldstücke auf einer Briefwaage ab. Man braucht wirklich nur vier Centstücke, um das Gewicht einer Zwei-Euro-Münze zu erreichen.

212
Filmtrick

Stehst du vor einem hohen Turm und betrachtest die über ihn in Blickrichtung dahinziehenden Wolken, entsteht der Eindruck, der Turm kippe auf dich herab. Man sieht den Turm nicht in Verbindung mit dem Erdboden, sondern wie einen frei schwebenden Gegenstand. Das Auge kann daher nicht unterscheiden, ob sich der Turm oder die Wolken fortbewegen. Der gleichen Täuschung unterliegen wir, wenn wir in der Eisenbahn zu fahren glauben, während sich in Wirklichkeit der Zug auf dem Nebengleis bewegt. Bei Trickaufnahmen im Film rollt oft das Bild einer Landschaft hinter einer feststehenden Figur ab, und man glaubt hinterher im Kino, dass sich die Figur bewege.

213
Schrecksekunde

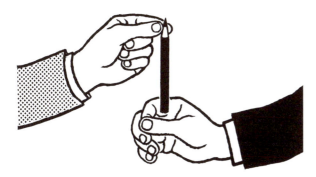

Halte über die leicht geöffnete Hand deines Freundes einen Bleistift und bitte ihn, den fallenden Stift durch Schließen der Hand zu fangen. Es gelingt ihm nicht!
Wenn das Auge den Bleistift fallen sieht, gibt es zunächst ein Signal an das Gehirn. Von dort wird an die Hand der Befehl „Greifen" weitergeleitet. Dabei geht natürlich Zeit verloren. Unternimmst du den Versuch selbst, muss er gelingen, da die Befehle zum Fallenlassen und Zugreifen gleichzeitig erfolgen. Die Zeit zwischen Erkennen und Reagieren nennt man „Schrecksekunde". Für einen Autofahrer kann dieser Zeitverlust in einer gefährlichen Situation schwere Folgen haben.

214
Tast-Test

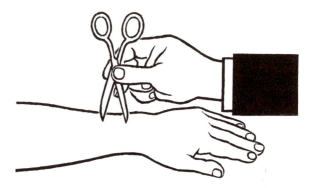

Prüfe den Tastsinn eines Freundes. Bitte ihn, die Augen zu schließen. Öffne eine Schere 3 cm weit und berühre mit beiden Spitzen gleichzeitig seinen Arm. Der Freund wird nur eine Scherenspitze fühlen. Wiederhole den Versuch auch an anderen Körperstellen.
Es zeigt sich, dass der Tastsinn des Menschen an den einzelnen Körperpartien verschieden gut ausgebildet ist. Auf dem Rücken sind die empfindlichen Nervenenden nicht so häufig wie zum Beispiel im Gesicht. In der Hand und besonders an den Fingerspitzen sind sie in so großer Zahl vorhanden, dass man beide Spitzen schon bei einer leicht geöffneten Schere deutlich wahrnehmen kann.

215
Krummer Weg

Fasse eine auf dem Fußboden stehende Flasche an ihrem Hals und laufe dreimal um sie herum. Versuchst du dann, geradeaus auf ein Ziel zuzugehen, verfehlst du es garantiert. Es ist das Gleichgewichtsorgan in deinen Innenohren, das dich in die Irre führt. In ihm kommt beim Drehen des Kopfes eine Flüssigkeit in Bewegung. Kleine Härchen werden dadurch gekrümmt und melden den Vorgang an das Gehirn. Dieses sorgt dafür, dass du entsprechende Gegenbewegungen machst. Wenn du dich ganz schnell drehst und plötzlich damit aufhörst, bleibt die Flüssigkeit weiter in Bewegung. Auch wenn du geradeaus gehst, reagiert das Gehirn so, als ob du dich weiterdrehtest, und du läufst im Bogen an deinem eigentlichen Ziel vorbei.

216
Irritierende Kreise

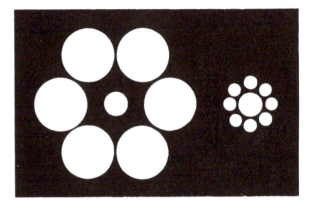

Sieh dir diese beiden Figuren an. Welche der beiden Kreisflächen in der Mitte der Figuren ist größer?
Beide Kreise sind gleich groß! Im Unterbewusstsein vergleichen wir nicht nur die Mittelkreise miteinander, sondern auch mit den sie umgebenden Kreisen. Dadurch entsteht der Eindruck, dass der Mittelkreis der rechten Figur größer ist.
Einer ähnlichen optischen Täuschung unterliegen wir auch beim Betrachten des Mondes. Steht er dicht über dem Horizont, vergleichen wir seine Größe mit der von Häusern und Bäumen. Er erscheint dann viel größer, als wenn er hoch am Himmel steht.

217
Lebende Bilder

Kopiere die beiden Bilder, schneide sie aus und klebe sie – Teil 1 auf Teil 2 – am oberen Rand zusammen. Rolle das obere Blatt ein und bewege es mit einem Bleistift auf und ab. Es entsteht der Eindruck, als ob sich die Figuren bewegen.
Die von unserem Auge empfangenen Bildeindrücke fließen im Gehirn ineinander über und schaffen den Eindruck einer Bewegung.

Dieser „kinematografische Effekt" erscheint hier sehr ruckartig, weil er nur von zwei Bildern erzeugt wird. Beim normalen Film rollen in der Sekunde 24, beim Fernsehen sogar 25 Bilder ab und wir sehen eine Bewegung glatt und flimmerfrei.

218
Wassermühle

Schiebst du das Bild seitlich vor deinen Augen leicht kreisend hin und her, beginnen sich das Mühlrad und die Wasserwellen scheinbar zu bewegen.
Die kreis- und wellenförmigen Linienstrukturen prägen sich auf der Netzhaut der Augen ein. Beim Bewegen des Bildes kommen neue Eindrücke hinzu, sie überlagern sich, löschen sich aus, es folgen neue und in der Folge siehst du Dreh- und Wellenbewegungen ähnlich wie im Trickfilm.

219
Verrückte Buchstaben

Hier ist auf einem karierten Stoff ein Name aufgestickt. Das dafür verwendete Garn ist aus einem schwarzen und einem weißen Faden gedreht. Stehen die Buchstaben gerade? Überprüfe ihren Stand mit einem Lineal! Kein Zweifel, die Buchstaben stehen gerade! Man unterliegt hier einer optischen Täuschung: Durch die schräg stehenden Fäden des gedrehten Stickgarns erfahren die Umrisse der Buchstaben auf dem karierten Untergrund eine Verschiebung, die das Auge irreleitet.

220
Magische Schneckenlinie

Betrachte dieses Bild genau. Du wirst sicherlich der Meinung sein, dass hier eine Spirale dargestellt ist. Schau noch einmal genau hin und fahre die Linien mit einem Bleistift oder einem Zirkel nach.
Die Überprüfung ergibt, dass es sich hier um konzentrische Kreise handelt. Das bedeutet, dass sie um den gleichen Mittelpunkt herum angeordnet sind. Es ist sehr schwierig, die vollständigen Kreise mit einem Blick zu erfassen. Das Auge folgt den Linien und wird dabei zur Bildmitte abgelenkt, weil das schwarze Hintergrundgitter perspektivisch und die einzelnen Kreisteile schräg verschoben dargestellt sind.

221
Täuschende Drehung

Bewege das Bild mit dem Grammophon vor den Augen leicht kreisend hin und her. Dabei scheint sich die Schallplatte zu drehen. Diese scheinbare Bewegung hat mannigfaltige Ursachen. Der bei der Bewegung des Bildes entstehende ständige Wechsel von Lichteinfall und Betrachtungswinkel erzeugt im Auge wandernde dunkle und helle Zonen. Diese ziehen scheinbar quer über die Platte. Da das Auge träge ist und die Bildeindrücke noch eine kleine Weile auf der Netzhaut nachwirken, überdecken sie sich und es kommt zur Wahrnehmung scheinbar wirklicher Plattenumdrehungen.

Geometrie

222
Peilung im Dreieck

Wer die Breite eines Flusses schätzen will, verkalkuliert sich leicht wegen des täuschenden Wasserspiegels. Du kannst mit Hilfe eines Dreiecks aber recht genau ermitteln, wie breit ein Fluss ist.
Suche zwei sich an den Ufern genau gegenüberliegende Punkte (A und B) und gehe dann so weit am Ufer entlang, bis du die beiden Punkte in einem Winkel von 45° siehst (C). Der Winkel lässt sich mit den Zeigern einer Uhr peilen, wenn sie auf dem Zifferblatt um 7,5 Minuten auseinander stehen. Hast du die von A nach C zurückgelegten Schritte gezählt, weißt du auch die Breite des Flusses. Die Schrittzahl (A–C) entspricht der Flussbreite (A–B), weil beide Strecken die gleich langen Schenkel eines rechtwinkligen Dreiecks bilden.

223
Messung durch Lichtreflexion

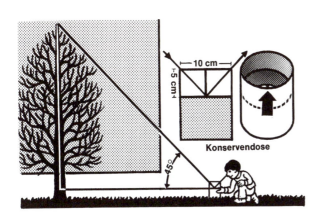

Wenn ein Baum gefällt werden soll, muss man wissen, wie weit seine Spitze fällt. Das genaue Maß lässt sich einfach bestimmen. Fülle eine Konservendose mit 10 cm breiter Öffnung bis 5 cm unter dem Rand mit Wasser und rühre etwas Erde hinein, damit sich das Licht auf dem Wasser spiegelt. Die Dose wird auf die Erde gestellt und so lange hin und her gerückt, bis das Spiegelbild der Baumspitze genau über dem vorderen Dosenrand auf der Wasseroberfläche sichtbar wird (Pfeil).
Das von der Baumspitze kommende Licht fällt in einem Winkel von 45° auf das Wasser und bildet mit dem Baumstamm und der Erdoberfläche ein rechtwinkliges, gleichschenkliges Dreieck. Baumhöhe und Entfernung Dose–Stamm sind also gleich.

224
Kugeln im Würfel

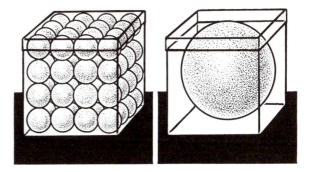

Eine würfelförmige Plastikschachtel ist mit vier Schichten von je 16 Marzipankugeln bis an den Rand gefüllt. Eine andere, gleich große Schachtel enthält lediglich eine große, genau in den Würfel passende Kugel. Welche Packung enthält wohl mehr Marzipan?
Der Rauminhalt einer Kugel macht, unabhängig von ihrer Größe, stets 52% vom Rauminhalt eines entsprechend großen Würfels aus. Da sich die Packung mit den kleinen Kugeln in 64 kleine Würfel aufteilen lässt, ist folglich in beiden Packungen gleich viel Marzipan enthalten.

225
Praktische Geometrie

Ein Bauherr steht im Rohbau seines Hauses und überlegt, wie lang der Teppichläufer für die Treppe sein muss. Diese ist nämlich noch nicht eingebaut, und die Anzahl der Stufen, ihre Höhe und Tiefe sind dem Mann nicht bekannt. Wie kann er dennoch die Länge des Läufers bestimmen?

Man braucht nur das Stück des Fußbodens und die Höhe der Wand zu messen, die später mit der Treppe ein rechtwinkliges Dreieck bilden. Die beiden Maße zusammengezählt ergeben die Länge des Teppichs: Denn die Höhe und Tiefe der einzelnen Stufen addiert ergeben dasselbe Maß.

226
Toter Winkel

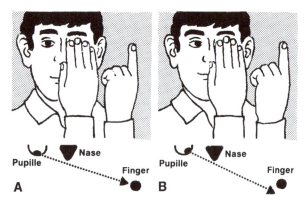

Bedecke dein linkes Auge mit der rechten Hand und blicke mit dem rechten Auge geradeaus. Bewege den ausgestreckten linken Zeigefinger an der linken Wange vorbei so weit nach vorn, bis die Fingerspitze über dem Nasenrücken gerade sichtbar wird. Richtest du nun den Blick direkt auf den Finger, ist er seltsamerweise verschwunden.

Dieses Rätsel findet eine geometrische Erklärung: Beim Geradeausschauen ist die Fingerspitze zu sehen, weil das Blickfeld des rechten Auges über die Nase hinweg reicht (A). Drehst du aber die Pupille nach links in den Augenwinkel, verändert sich das Blickfeld: Die Sicht zum Finger ist jetzt durch den Nasenrücken versperrt (B).

227
Suche nach dem Kreismittelpunkt

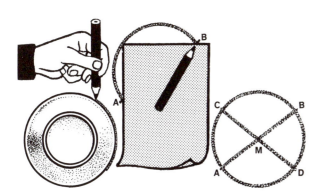

Wer keinen Zirkel zur Hand hat, um einen Kreis zu ziehen, kann sich mit einem runden Gegenstand, etwa einem Teller, behelfen. Wie aber findet man ganz einfach und exakt den Mittelpunkt eines Kreises?
Nimm einen Bogen Schreibpapier und lege ihn so auf den Kreis, dass ihn eine Ecke des Papiers berührt. Wo nun die Papierkanten den Kreis schneiden, zeichnest du die Punkte A und B an. Die Verbindungslinie zwischen A und B ist der Kreisdurchmesser. Zeichnest du auf gleiche Weise eine zweite Linie C und D, bildet der Schnittpunkt der beiden Linien den Mittelpunkt M. Die Hilfskonstruktion beruht auf dem Lehrsatz, dass Winkel im Halbkreis stets rechte Winkel sind.

228
Kugel aus ebenen Flächen

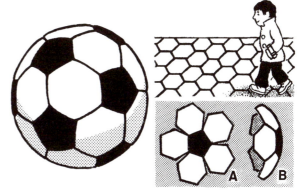

Die Hülle eines Fußballs ist aus weißen und schwarzen Lederteilen zusammengenäht. Wie viele weiße und schwarze Teile sind es insgesamt und wie viele Ecken hat jedes einzelne Teil?
Der Ball setzt sich aus 20 weißen Sechsecken und zwölf schwarzen Fünfecken zusammen. Warum aber die unterschiedlichen Formen? Wären es nur gleichförmige Sechsecke, würde das Leder eine ebene Fläche bilden und niemals eine Kugel ergeben. Durch die Anordnung von jeweils fünf Sechsecken um ein Fünfeck gleicher Kantenlänge (A) entstehen gewölbte Flächen (B), die den Ball formen.

139

229
Berechnung eines Kreises

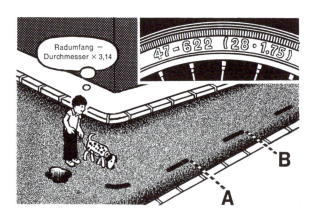

Bei der Verfolgung eines Fahrraddiebes entdeckt ein Junge eine nasse Reifenspur auf dem Asphalt. Hier ist ein Radfahrer beim Abbiegen mit einem Reifen durch eine Regenpfütze gefahren. Anhand der sich wiederholenden Wasserflecken kann der Junge den Durchmesser des Rades bestimmen.

Der Umfang des Rades (stets das 3,14fache seines Durchmessers) lässt sich abmessen. Es ist die Strecke A bis B. Teilt der Junge dieses Maß durch 3,14, kennt er den Durchmesser des Rades. Somit weiß er, ob es zum gestohlenen Fahrrad gehören könnte. Auf den Reifen ist übrigens der genaue Raddurchmesser in einheitlichen Europamaßen abzulesen, zum Beispiel 47–622. Die erste Zahl bedeutet die Reifendicke, die zweite den Felgendurchmesser in Millimeter.

230
Tachometerproblem

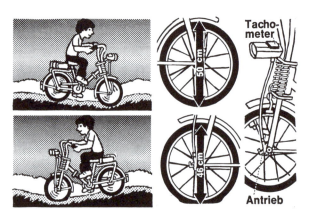

Ein Junge fährt täglich mit dem Fahrrad zur 3 km entfernten Schule und benutzt dabei stets denselben Radweg. Als er eines Tages mittags nach Hause kommt, stellt er fest, dass sein Tachometer den Weg 270 m länger gemessen hat als sonst. Er fragt sich, woran das liegen könnte.

Die eigentliche Ursache ist ein undichtes Ventil im Vorderreifen. Er war am Morgen für den Hinweg prall aufgepumpt, hatte aber bis zur Rückfahrt so viel Luft verloren, dass sein Durchmesser statt 50 cm nur noch 46 cm betrug. Da somit sein Umfang (Durchmesser mal 3,14) um etwa 13 cm kleiner war, musste sich das Rad auf dieser Fahrt 172-mal mehr drehen als sonst. Dementsprechend zeigte der Tachometer, der auf den normalen Raddurchmesser geeicht ist, eine längere Strecke an.

231
Kurventechnik

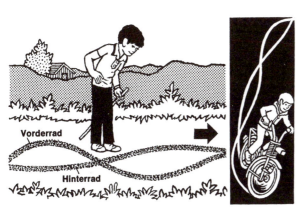

An einer Fahrradspur auf dem Weg lässt sich die Fahrtrichtung des Radfahrers erkennen. Durch das Einschlagen des Lenkers in der Kurve und beim Ausgleichen des Gleichgewichts auf gerader Strecke hinterlässt das Vorderrad weite Bögen, die steiler beginnen und flacher auslaufen.

Dagegen ist die Spur des Hinterrades, das durch die Bewegung des Fahrradrahmens nur leicht seitwärts gelenkt wird, eine gleichmäßige, sanfte Wellenlinie. Die Spuren der beiden Räder überschneiden sich, sodass die Winkel, die sich dabei bilden, in Fahrtrichtung spitzer zulaufen als rückwärts.

232
Uhr als Kompass

Halte eine Uhr waagerecht, sodass der Stundenzeiger genau auf die Sonne gerichtet ist. Halbierst du das Feld zwischen dem Stundenzeiger und der Ziffer 12 mit einem Streichholz, zeigt das betreffende Hölzchenende genau nach Süden.

In 24 Stunden „wandert" die Sonne infolge der Erddrehung einmal um die Erde herum. Der Stundenzeiger der Uhr dreht sich jedoch zweimal um das Zifferblatt. Daher halbieren wir vormittags die Entfernung vom Stundenzeiger zur Ziffer 12 und nachmittags von Ziffer 12 zum Stundenzeiger. Das Hölzchen zeigt jedes Mal nach Süden. Mittags um 12 Uhr weisen Stundenzeiger und Ziffer 12 auf die genau im Süden stehende Sonne.

Allerlei Mechanik

233
Prinzip der Seilbahn

Von der Bergstation einer Seilbahn wandert ein Vater mit den Kindern auf einem Pfad, der unterhalb der Seilbahn entlangführt, zur Talstation. Als sie unterwegs Rast machen, bemerkt der Vater: „Wir sind jetzt genau auf halber Höhe des Berges!" Woran erkennt er das?

Die beiden Gondeln einer Seilbahn hängen an einem Tragseil und werden – vom Elektromotor der Bergstation angetrieben – durch ein endloses Zugseil bergauf und bergab bewegt. Dabei bildet die abwärts fahrende Gondel das Gegengewicht für die aufwärts fahrende. Die Gondeln fahren folglich oben und unten zur gleichen Zeit ab und begegnen sich genau auf halber Strecke.

234
Problem mit einer Karre

Eine Schubkarre auf eine Treppenstufe zu schieben, bereitet bekanntlich Schwierigkeiten. Das Gummirad setzt sich im Winkel der Stufe fest. Wenn man aber die Karre wendet und rückwärts zieht, rollt das Rad auf die Stufe.
Die Sache ist leicht zu verstehen, wenn man daran denkt, dass der Drehpunkt des Rades D an der Stelle ist, wo es die Stufe berührt. Im Fall 1 setzt die Kraft K (in Verlängerung der Karrengriffe) unterhalb D an und bewirkt eine unmerkliche Rückwärtsdrehung, wodurch sich der Reifen im Winkel der Treppenstufe leicht festkeilt. Im Fall 2 greift die Kraft K oberhalb des Drehpunktes D an und bewegt das Rad die Stufe hinauf.

235
Veränderlicher Radumfang

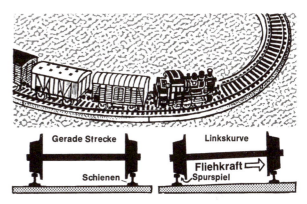

Bei einem 72 cm großen Gleiskreis einer Spielzeugeisenbahn ist der äußere Schienenkreis 13 cm länger als der innere. Auf den äußeren Schienen müssten sich die Räder der Bahn also schneller drehen als auf den inneren; sie sitzen aber fest auf der Achse. Wie löst sich das Problem? Die Räder haben – wie die großen Bahnen – etwas Spurspiel im Gleis und kegelfömige Laufflächen. Bei seitlicher Verschiebung auf den Schienen rollen sie auf unterschiedlichem Durchmesser. Das geschieht schon auf gerader Strecke, indem die Bahn bei der Spursuche eine leichte Schlängelfahrt macht. In der Kurve kommt die Fliehkraft hinzu: Die Räder verschieben sich so, dass sie auf der Außenschiene auf einem größeren Radumfang rollen und einen größeren Weg zurücklegen als auf der Innenschiene.

143

236
Kräfte am Rodelschlitten

Ein Junge zieht seinen Rodelschlitten auf einer glatten Bahn. Als von der Schnur des Schlittens ein Stück abreißt, meint er, der Schlitten lasse sich nun schwerer ziehen als vorher. Hat er Recht? Ein Kräfteparallelogramm verdeutlicht, dass die Länge der Schnur wirklich die Fortbewegung beeinflusst. Bei einer langen Schnur (A) zieht der Junge mit der Kraft K leicht schräg nach oben. Sie setzt sich aus zwei Teilkräften (K_1 und K_2) zusammen. Wichtig ist allein K_1, sie bewegt den Schlitten vorwärts, während K_2 unnötigerweise den Schlitten anzuheben versucht. Bei verkürzter Schnur (B) ist das Kräfteverhältnis schlechter: K_2 ist gleich geblieben, doch K_1 hat sich verkleinert. Bei einer noch kürzeren Schnur (C) würde der Schlitten mehr gehoben als gezogen, wie man es allenfalls bei hohem Schnee macht.

237
Entgegengesetzte Kräfte

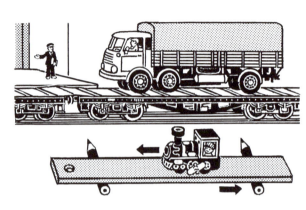

Nach Isaac Newton erzeugt jede Bewegung eine Gegenbewegung in entgegengesetzter Richtung.
Lege ein Lineal über zwei runde Bleistifte und stelle ein kleines Aufziehspielzeug darauf, zum Beispiel eine Lokomotive. Lässt du nun die Lok laufen, fährt sie vorwärts, während sich gleichzeitig das Lineal rückwärts bewegt.
Bei gleichem Gewicht hätten Lok und Lineal gleiche Geschwindigkeit. Ist aber das Lineal schwerer als die Lok, bewegt es sich langsamer unter ihr hinweg. Ist das Lineal leichter, rollt es schneller.

238
Gewölbte Mauer

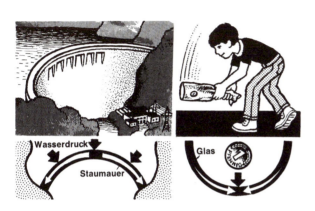

Die eierschalenförmige Staumauer einer Talsperre ist stets zum Stausee hin gewölbt, niemals zum Tal. Warum?
Der gewaltige Druck des Wassers wird von dem Stahlbetonbogen seitwärts auf die Felswände übertragen. Wäre die Mauer zum Tal hin gewölbt, würde sich der Wasserdruck in ihrer Mitte konzentrieren und die Mauer zerbrechen.
Ein Experiment zum Vergleich: Lege eine Centmünze in eine leere Weinflasche, stecke die Flasche vorsichtshalber in einen Plastikbeutel und schwinge sie mehrmals heftig abwärts. Die Münze durchschlägt das Glas. Von der Außenseite wäre ein wesentlich größerer Druck nötig, um das Glas zu zerbrechen.

239
Trägheitsgesetz in der Bahn

Auf dem Boden eines Bahnabteils liegt eine Getränkedose. Sie rollt bei jedem Anhalten und Abfahren des Zuges hin und her. Welche Kraft bewegt sie? Jeder Körper hat das Bestreben, in der Ruhe oder Bewegung zu beharren, in der er sich gerade befindet. Er setzt jeder Änderung seines Bewegungszustandes einen Widerstand entgegen, den man Trägheit nennt. Beim Anfahren will die Dose in ihrer Ruhelage beharren, der Waggonboden zieht sich förmlich unter ihr weg. Beim Abbremsen will sie die Bewegung der Bahn beibehalten und rollt in Fahrtrichtung. Bei gleichförmiger Bewegung der Bahn liegt die Dose ruhig. Auch ein Reisender empfindet dann keine besondere Krafteinwirkung auf seinen Körper, sodass er bei geschlossenen Augen nicht sagen könnte, in welche Richtung er fährt.

145

Aus Natur und Technik

240
Blitz und Donner

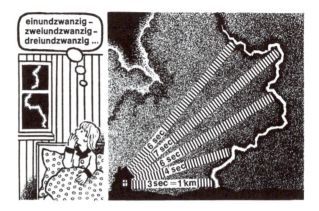

Wenn wir bei einem Gewitter die Sekunden zwischen Blitz und Donner zählen und ihre Anzahl durch drei teilen, wissen wir die ungefähre Entfernung des Blitzeinschlags in Kilometern. Der Schall pflanzt sich bekanntlich innerhalb von 3 Sekunden 1 km weit durch die Luft fort. Wie aber erklärt sich das anhaltende Donnergrollen hinterher?

Der Knall der Luft, die vom Blitz auseinander gerissen wird und danach wieder zusammenprallt, entsteht auf der ganzen, oft viele Kilometer betragenden Länge des Blitzes. Von den oft weit voneinander entfernten Punkten brauchen die Schallwellen unterschiedlich lange zu unserem Ohr. Man hört also den Knall, der sich mit zunehmender Entfernung verzögert und abschwächt, und einen Nachhall vom vielfach reflektierten Schall.

241
Pflanzensaft als Stromleiter

Was geschieht, wenn man mit einem Grashalm den Draht eines elektrischen Weidezauns berührt? Ist es ein vertrockneter Halm, merkt man gar nichts; ist es aber ein grüner, saftiger Halm, spürt man ein Kribbeln in den Fingern; je kürzer der Halm, desto stärker.
Der Strom fließt von einer Batterie durch den Draht des Zauns und wird in den Saftbahnen des Halms vom Wasser und den darin gelösten Salzen in den Körper geleitet. Einige Millionen Mal größer ist die elektrische Energie, die bei einem Blitzeinschlag durch einen Baum zur Erde geleitet wird. Durch den gewaltigen Elektronenfluss entsteht so viel Wärme, dass sich der Saft im Nu in Dampf verwandelt und durch seinen Druck die äußeren Holzschichten des Baumstamms regelrecht explodieren.

242
Gefährliche Schrittspannung

Wenn man im Freien in ein Gewitter gerät, soll man nicht laufen, sondern stehen bleiben. Ein Blitz, der in einen Baum einschlägt, kann einen Läufer, der sich in der Nähe befindet, durch seine gewaltige elektrische Energie, die in den Erdboden fließt, gefährden. Da sie mit zunehmender Entfernung von der Einschlagstelle abnimmt, kann sie unter einem Bein des Läufers größer sein als unter dem anderen. Diese „Schrittspannung" entlädt sich durch den Körper, da er den Strom besser leitet als der Boden. Wenn ein Mensch mit geschlossenen Füßen (in einer Bodenvertiefung) hockt, fließt der Strom unter ihm hinweg wie unter einem Vogel, der auf einer Hochspannungsleitung sitzt. Kühe und Pferde auf der Weide sind wegen des Abstandes ihrer Vorder- und Hinterbeine bei Gewitter besonders gefährdet.

243
Blitzableiter in der Hand

Läuft man auf einem Kunstfaserteppich, nehmen Schuhsohlen aus Gummi kleinste elektrische Teilchen, die Elektronen, auf. Diese Ladung bewirkt, dass die in unserem Körper befindlichen Elektronen bis in die Fingerspitzen hinein abgestoßen werden und bei Berührung eines geerdeten Gegenstandes als kleiner elektrischer Blitz überspringen. Obwohl die Spannung solcher Blitze mehrere tausend Volt beträgt, sind sie wegen ihrer geringen Stromstärke harmlos. Wer sich dennoch vor ihnen fürchtet, kann sie über einen Schlüssel oder Fingerring ableiten: Wie bei einem Blitzableiter auf dem Dach, der den Blitz von einer Gewitterwolke zur Erde ablenkt, entlädt sich die Spannung zwischen Körper und geerdetem Gegenstand über das gut leitende Metall in der Hand.

244
Kondenswolke in der Flasche

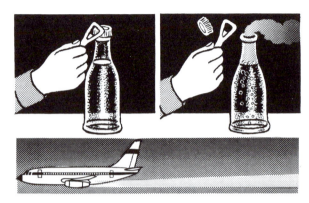

Wenn man eine Limonadenflasche öffnet, entweicht oft eine kleine Kondenswolke. Die mit Wasserdampf gesättigte Luft im Hals der geschlossenen Flasche wird durch das in der Limonade gelöste Kohlendioxidgas zusammengepresst. Beim Öffnen entspannt sich die Luft und kühlt sich ab. Die abgekühlte Luft kann nicht mehr so viel Wasserdampf halten und scheidet einen Teil in Form feiner Tröpfchen aus.
Die Kondensstreifen am Himmel entstehen ähnlich: Aus dem Triebwerk eines Flugzeugs schießt ein Strahl von Verbrennungsgasen. Sie enthalten Wasserdampf, der sich bei der Entspannung und Abkühlung zu Tröpfchen verdichtet.

245
Verdunstung und Kondensation

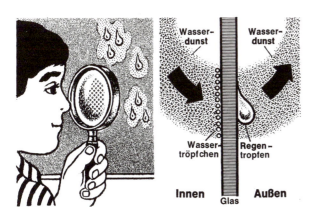

Überall da, wo bei windigem Wetter Regentropfen außen an einer Normalglas-Fensterscheibe haften, ist sie von innen beschlagen. Woher kommt die Feuchtigkeit?
Es handelt sich hier um eine interessante Wechselwirkung der Luftfeuchtigkeit: Die Regentropfen an der Außenseite der Scheibe verdunsten im Wind. Dabei wird Wärme verbraucht und diese wird dem Glas in der Umgebung der Tropfen entzogen. An der Innenseite kühlt sich die warme, viel Wasserdampf enthaltende Zimmerluft beim Vorbeiziehen an den kalten Stellen des Glases ab. Da wiederum die abgekühlte Luft nicht so viel Feuchtigkeit halten kann wie warme Luft, kondensiert hier ein Teil des Wasserdampfes: Er verflüssigt sich und schlägt sich in Form hauchfeiner Tröpfchen an der Scheibe nieder.

246
Fahrt auf einem Wasserkeil

In der Rinne einer Rutschbahn im Schwimmbad läuft Wasser hinab. Zu welchem Zweck? Das Wasser macht das Rutschen leichter: Unter dem Gesäß eines hinabgleitenden Kindes staut es sich zu einem Keil, der den Körper unmerklich anhebt und so den Reibungswiderstand auf der Bahn vermindert. Der gleiche Vorgang macht regennasse Straßen zur Rutschbahn, indem er das gefährliche „Aquaplaning" verursacht: Unter den Reifen eines Autos, das mit überhöhter Geschwindigkeit fährt, bildet sich der gleiche Wasserkeil. Der Wagen wird leicht angehoben, gleitet ohne Steuer- und Bremsmöglichkeit dahin und kann dabei ins Schleudern geraten.

247
Auftrieb in der Luft

Bei einem Wettbewerb werden Luftballons gestartet. Der Ballon eines Jungen ist prall mit Gas gefüllt, der Ballon seiner Schwester dagegen nur schwach. Welcher Ballon fliegt wohl weiter?

Ein Ballon hat so viel Auftrieb, wie die von ihm verdrängte Luftmenge wiegt. Der größer aufgeblasene Luftballon steigt also schneller. Doch bei seinem hohen Innendruck weitet er sich im abnehmenden Luftdruck in den hohen Luftschichten so stark aus, dass er platzt. Der Ballon des Mädchens steigt langsamer, jedoch höher. Er kann sich noch ausdehnen und bekommt so neuen Auftrieb, bis sein Gewicht dem der verdrängten Luftmenge gleicht. Er treibt ab und landet, wenn ein Teil des Gases durch Poren im Gummi entwichen ist.

248
Gewicht der Luft

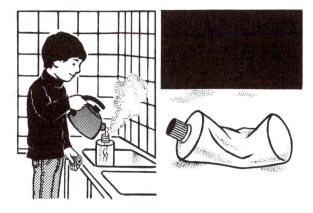

Wenn man eine große Plastikflasche mit heißem Wasser ausspült, sie danach sofort luftdicht zuschraubt und in den Kühlschrank legt, wird sie wie von einer unsichtbaren Faust platt gedrückt.

Durch das Erhitzen dehnt sich die Luft in der Flasche um etwa ein Drittel aus, sodass ein Teil ausströmt. Beim Abkühlen zieht sich die Luft wieder zusammen. Dabei entsteht in der Flasche ein Unterdruck, und der Druck der Außenluft presst sie so lange zusammen, bis der Luftdruck in der Flasche dem Druck der Außenluft entspricht. Hier wird das gewaltige Gewicht der Lufthülle deutlich, die die Erde umgibt. Es drückt mit 1 kg auf jeden Quadratzentimeter der Flaschenoberfläche. Auf einer Literflasche lastet immerhin das Gewicht von etwa 12 Ztr. (600 kg).

249
Höhenmesser

Eine Plastikflasche mit Sonnenschutzcreme kann dir auf einer Bergtour ganz ungewollt zu einem Experiment verhelfen. Beim Öffnen der Flasche spritzt die Creme in hohem Bogen zischend heraus. Es ist der veränderte Luftdruck, der diesen Effekt erzeugt.
Der Luftdruck, das Gewicht der die Erde umgebenden Lufthülle, nimmt mit zunehmender Höhe ab: Auf einem 2 000 m hohen Berg ist er um etwa ein Viertel geringer als in Meeresspiegelhöhe. Folglich hat die in der Flasche eingeschlossene Luft auf dem Berg einen entsprechenden Überdruck. Nach der Rückkehr ins Tal erscheint die Flasche eingedellt: Die Luft des Tieflandes presst die mitgebrachte „dünne" Luft sichtbar zusammen.

250
Ruhende Luft

Ein Junge wundert sich über einige Fliegen, die während der Fahrt unter dem Verdeck eines Lastwagens ruhig umherkreisen, obgleich die Rückwand völlig offen ist. Er überlegt, ob die Insekten wohl in dem gleichen Tempo fliegen, wie das Auto fährt.
Trotz fehlender Rückwand bildet das Innere des Lastautos einen abgeschlossenen Raum, in dem die Luft ruht. Nicht einmal die Luftwirbel des außen vorbeiströmenden Fahrtwindes gelangen in den Laderaum. Die Fliegen kreisen in ihm wie in einem Zimmer. Käme jedoch der Fahrtwind durch ein Loch in der Vorderwand der Plane, könnten sich die Fliegen darunter nicht halten.

251
Luftdruckanzeiger

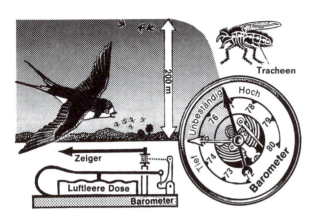

Wenn die Schwalben hoch am Himmel fliegen, wissen wir, dass sie dort Insekten jagen, die bei schönem Wetter emporsteigen. Wie aber erkennen die Insekten ihre Flughöhe?
Der Luftdruck ist je nach Wetter und Flughöhe unterschiedlich hoch. Schwärmen die Insekten bei einem Hoch in 200 m Höhe, finden sie den gleichen Luftdruck vor wie bei einem Tief in Bodennähe. Sie gleichen also die wetterbedingten Luftdruckschwankungen (auf der Barometerskala etwa zwischen den Werten 1 000 und 1 026 mm) durch entsprechende Flughöhe aus. Den Luftdruck fühlen Insekten in den Tracheen, den feinen Atemröhrchen in ihrem Körper. Ähnlich drückt die Luft auf die luftleere Metalldose im Barometer. Der Ausschlag der Membran wird über Hebel auf den Zeiger übertragen.

252
Luftdruck und Flüssigkeit

Schreibt man eine Postkarte an einer senkrechten Wand, versagt der Kugelschreiber bald; er gibt einfach keine Farbe mehr ab. Die Kugelschreibermine ist mit einer dickflüssigen Farbpaste gefüllt, die normalerweise auf eine kleine Stahlkugel in der Spitze fließt. Fährt man mit der Kugel über das Papier, rollt sie die Farbpaste ab. Damit diese gut nachfließen kann und infolge des Verbrauchs kein Vakuum in der Mine entsteht, ist durch kleine Öffnungen für einen Luftdruckausgleich gesorgt. Versucht man nun, mit der Spitze nach oben zu schreiben, lässt der Druck der Farbpaste auf die Kugel nach und sobald sie blank gerieben ist, strömt über die Kugel Luft in die Mine: Die Farbpaste folgt der Schwerkraft und sackt rückwärts ab.

253
Pressluft im Tunnel

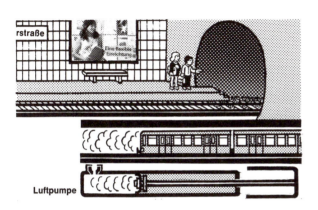
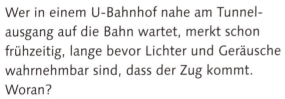

Wer in einem U-Bahnhof nahe am Tunnelausgang auf die Bahn wartet, merkt schon frühzeitig, lange bevor Lichter und Geräusche wahrnehmbar sind, dass der Zug kommt. Woran?
Bei der Fahrt durch den Tunnel staut sich ein Schwall von Luft vor der U-Bahn. Sobald sie von einer Station abfährt, spürt man auf der nächsten Station einen leichten Luftzug am angefeuchteten Finger. (Der Luftzug beschleunigt die Verdunstung der Feuchtigkeit am Finger, wobei Verdunstungskälte entsteht.) Beim Herannahen der Bahn bildet sich langsam ein kräftiger Luftstrom. Die flache Vorderfront des Zuges, die die Luft durch die enge Tunnelröhre drückt, erinnert an den Kolben in einer Fahrradpumpe.

254
Richtung Sonne

Vor einem Fenster stehen zwei Kerzenleuchter, einer aus weißem, der andere aus schwarzem Glas. Nach einem sonnigen Tag hat sich die Kerze auf dem weißen Leuchter nicht verändert, die Kerze auf dem schwarzen Leuchter aber hat sich herabgebogen – eigenartigerweise auf die Sonne zu. Es hängt ganz von der Helligkeit und Farbe eines Gegenstandes ab, wie sehr er sich im Sonnenlicht erwärmt. Der weiße Leuchter reflektiert fast alle Strahlen und erwärmt sich nur schwach; der schwarze Leuchter hingegen absorbiert (schluckt) die Strahlen und erwärmt sich entsprechend stark. Glas ist ein schlechter Wärmeleiter; daher erreicht zuerst die der Sonne zugewandte Seite des Leuchters die Temperatur, bei der das Wachs weich wird. Die Kerze verliert dort ihre Festigkeit und biegt sich herab.

In Haus und Garten

255
Weiches Ei

Übergießt du ein rohes Hühnerei in einer Tasse mit Weinessig, verliert es in ein bis zwei Tagen seine Festigkeit. Die Kalkschale löst sich auf und es fasst sich wabbelig an. Umgekehrt erhält das Ei in der Schalendrüse des Huhns seine Festigkeit durch Kalk, den das Tier mit seiner Nahrung aufnimmt.
Die Entstehung des Eis beginnt im Eierstock: Sobald dort eines der zahlreichen Dotter mit der enthaltenen Keimscheibe die volle Größe erreicht hat, wandert es durch den Eileiter. Hier wird das Dotter zunächst von dem abgesonderten Eiweiß umgeben, danach von den beiden weichen Schalenhäuten und endlich von der festen Kalkschale eingehüllt.

256
Naturwerkzeug

Wegen ihrer ovalen Form ist die Eierschale enorm stabil. Sie ist eine Schutzvorrichtung der Natur gegen das Körpergewicht der Glucke beim Brüten. Das Gewicht verteilt sich gleichmäßig von allen Seiten auf die Schale der Eier im Nest. Ein Versuch zeigt, dass du es nicht schaffst, ein Ei in der Hand zu zerdrücken. Wie aber gelingt es dem schwachen Küken nach einer Brutzeit von 21 Tagen, das feste Haus zu öffnen? Die Natur hat ihm ein kleines Werkzeug mitgegeben, den Eizahn. Es ist ein scharfer Kalkhöcker auf der Schnabelspitze des Kükens, mit dem es die Eierschale von innen so lange feilt und bohrt, bis sie aufbricht.

257
Drehmechanismus im Hühnerei

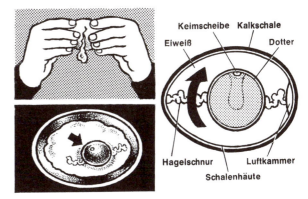

Auf dem Dotter eines Eis ist ein kleiner weißer Fleck, die Keimscheibe. Wie kommt es, dass diese bei einem Spiegelei stets oben auf der Dotterkugel liegt?
Man kann das Ei vor dem Aufschlagen um seine Längsachse beliebig wenden, das Dotter in seinem Inneren dreht sich mit der Keimscheibe stets nach oben. Es ist nämlich an einem spiralförmigen Eiweißgebilde, der Hagelschnur, drehbar aufgehängt und hat – ähnlich wie ein Stehaufmännchen – seinen Schwerpunkt in der unteren Hälfte. Eine sinnvolle Einrichtung der Natur: Die Keimscheibe, aus der sich beim Brüten das Küken entwickelt (der Rest des Eis sind Aufbaustoffe), ist bei jeder Eilage oben, der Wärme der Glucke zugekehrt.

155

258
Luft im Ei

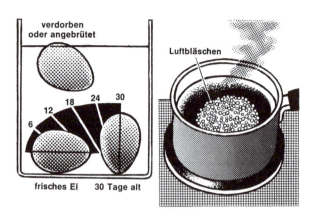

Legst du ein Hühnerei in einen Topf mit Wasser, lässt sich am Winkel seiner Längsachse zum Topfboden sein Alter abschätzen: ein frisches Ei liegt waagerecht, ein 30 Tage altes Ei steht senkrecht.
Je älter ein Ei, desto größer ist die Luftkammer an seinem dicken Ende. Das Ei atmet durch die Poren der Schale, indem Luft hereinkommt und im Eiweiß enthaltenes Wasser nach außen verdunstet. Sauerstoff wird gebraucht, sobald nach der Befruchtung in der Keimscheibe die Zellteilung und damit die Entwicklung des Kükens einsetzt. Liegt ein Ei in heißem Wasser, tritt die erhitzte und sich ausdehnende Luft aus den Poren. Das erkennt man an den zahlreichen Bläschen.

259
Betrifft Schwalben

Die Rauch- und Mehlschwalben werden als Kulturfolger aus unseren Städten und Dörfern mehr und mehr verdrängt. Auf den asphaltierten Straßen und betonierten Plätzen finden sie nicht mehr den Lehm und Schlamm, aus dem sie, vermengt mit Speichel und Stroh, ihre Nester bauen. An den glatten Wänden moderner Häuser finden die Nester keinen Halt.
Die Mauersegler hingegen sieht man noch zahlreich über den Dächern fliegen. Sie sehen das Häusermeer als Felsenlandschaft an und finden überall Nischen für ihre Brut. Warme Aufwinde bringen ihnen große Insektenschwärme als Nahrungsangebot.

260
Kulturfolger

Viele Vögel, allen voran die Spatzen, suchen seit eh und je die Nähe des Menschen. Man sieht sie auch in Großstädten, weil sie hier meist ein gleichmäßiges Nahrungsangebot, Brutplätze und Schutz vor natürlichen Feinden finden. Vogelarten mit diesem Verhalten nennt man „Kulturfolger".
Die Amseln lebten früher nur in den Wäldern, die Haubenlerchen auf den Feldern. Beide Arten sind seit Jahren verstädtert, wie auch Ringeltauben und Eichelhäher. In den letzten Jahren lässt sich in den Städten jedoch ein Rückgang dieser Kulturfolger beobachten: Es gibt immer weniger Grünflächen, also weniger Nahrungsangebot für die Vögel. Außerdem bieten moderne Häuser mit fehlenden Nischen weniger Nistmöglichkeiten als früher.

261
Wetterzeichen

Wusstest du, dass die Hühner auf dem Bauernhof verlässliche Wetterpropheten sind? Vor einem kurzen, leichten Regenguss kommen sie rechtzeitig in den Hühnerstall gelaufen oder suchen sich eilig einen anderen geschützten Platz. Bei lang anhaltendem Regen aber bleiben sie draußen im Garten und lassen sich pudelnass regnen.
Es ist fraglich, ob die Hühner die Wetterlage am jeweils herrschenden Luftdruck erkennen können. Sie wissen aber instinktiv, dass ihnen nur ein ergiebiger Dauerregen fette Beute verspricht. Es sind die Regenwürmer, die an die Erdoberfläche kriechen, wenn nämlich das viele Regenwasser ihre Gänge füllt und die Atemluft für sie im Boden knapp wird.

262
Jagdreviere

Greifvögel wie Bussarde und Falken haben sich als ausgesprochene Kulturflüchter der veränderten Umwelt angepasst. Man sieht die Vögel schon früh morgens am Rand der Landstraßen und Autobahnen auf Pfählen sitzen und nach totgefahrenem Getier Ausschau halten.

263
Kulturflüchter

Die Schleiereulen jagten früher in jeder Scheune nach Mäusen und die „Uhlflucht", die kleine Öffnung im Scheunengiebel, war eigens für die „fliegenden Katzen" bestimmt. Aber seitdem das Getreide nicht mehr in den Scheunen gedroschen und gelagert wird, finden die Eulen nicht mehr genügend Mäuse und selten einen Nistplatz im Gebälk.
Die Schleiereulen sind bei uns zum Kulturflüchter geworden – wie übrigens auch die Weißstörche. Sie hatten früher ihre Nester überall auf den Dächern von Scheunen und Ställen. Die Trockenlegung von Wiesen, Sümpfen und Teichen sowie die übermäßige Anwendung von Insektengift verkleinerten ihr Nahrungsangebot, sodass sie in andere Regionen ausweichen mussten.

264
Erfinderische Meisen

Am besten und mit immer wieder neuen Verhaltensweisen stellen sich die Kohl- und Blaumeisen auf die Nähe des Menschen ein. Sie brüten häufig in Briefkästen gleich neben der Haustür, durchpicken auf der Suche nach fetthaltiger Nahrung Milchflaschenverschlüsse und Margarinebehälter und kriechen in (unvergitterte!) Rohre von Dunstabzugshauben.
Die jüngste Beobachtung: Auf Park- und Rastplätzen haben sich die Meisen auf „Fleisch vom Grill" spezialisiert. Dort suchen sie den Kühlergrill abgestellter Autos nach toten Insekten ab.

265
Hilfe für Freibrüter

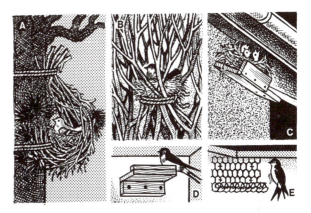

Aufgehängte Nistkästen in unseren Gärten helfen Meisen, Staren und Spatzen bei der Suche nach einem Nistplatz.
Einige Kiefernzweige – wie eine Tasche an einem Baumstamm mit Draht befestigt – werden von Drosseln, Finken und Grasmücken angenommen (A). Oft genügen auch korbförmig zusammengebundene Zweige eines Busches als Nestunterlage (B). Nischenbrüter, wie zum Beispiel Hausrotschwänzchen, bevorzugen zwei winklig an einem Dachbalken genagelte Brettchen (C). Rauchschwalben nisten gern in Gebäuden und brauchen eine 12 x 12 cm große Nestauflage, die 10 cm unter der Decke befestigt ist (D). Ein Stück Maschendraht, unten etwas aufgerollt und draußen dicht unter dem Dach angenagelt, ist ideal für das Nest der Mehlschwalben (E).

266
Ein Leben in der Luft

Wenn du einmal einen Mauersegler am Erdboden findest, prüfe, ob er unverletzt ist, und wirf ihn dann behutsam in die Luft empor. Wegen ihrer langen, sichelförmigen Flügel können Mauersegler, wenn sie durch einen unglücklichen Zufall auf den Boden geraten sind, nicht wieder auffliegen. Sie verhungern oder werden von Katzen geholt.
Mauersegler sind Tiere der Lüfte: Schrill pfeifend schießen sie über die Dächer und sammeln dabei Insekten und Nestbaustoffe, sie trinken, baden und schlafen sogar im Flug. Mit ihren kurzen Beinen können sie sich zwar an Fels- und Hauswänden festkrallen, aber niemals am Erdboden laufen.

267
Besuch vom Wald

Mit laut schallendem „glückglückglück" kündigt sich der Grünspecht immer öfter in der Stadt an. Hier hackt der taubengroße Vogel mit dem grünen Gefieder und dem roten Scheitel zwar selten an den Bäumen, lässt sich aber oft auf den Gehwegen nieder. Mit seinem meißelartigen Schnabel stochert er zwischen den Steinplatten herum und holt an seiner 10 cm langen, klebrigen Zunge kleine Wegameisen mitsamt ihrer Brut hervor.
Der Grünspecht ist Spezialist für Ameisen: Im Wald hackt er die Hügel der Waldameisen bis zu einem halben Meter tief auf, in Parks und Gärten findet er mit rätselhaftem Gespür – selbst im Winter unter dem Schnee – die unterirdischen Nester der Wiesenameisen.

268
Kontrolle eines Maulwurfs

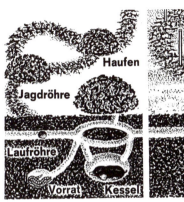
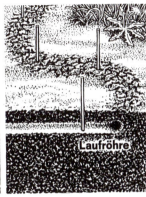

Von seinem Kessel, einer mit Gras gepolsterten Höhle, gräbt sich der Maulwurf innerhalb weniger Stunden ein weit verzweigtes Netz von Lauf- und Jagdröhren. Morgens gegen 8 Uhr und nachmittags um etwa 16 Uhr läuft er durch die Jagdröhren, sucht sie nach Regenwürmern, Schnakenlarven, Engerlingen und anderem Getier ab und wühlt neue Erdhaufen auf.
Wenn man eine Jagdröhre vorsichtig anbohrt und in Abständen festere Grashalme lose hineinsteckt, lässt sich am Wackeln der Halme erkennen, wo und wie schnell sich der Maulwurf gerade unter der Erde bewegt. Ist er auf der Flucht, muss man laufen, um ihm folgen zu können.

269
Maulwurf in der Fallgrube

Ein Maulwurf, der in einem Garten nicht gern gesehen ist, lässt sich einfangen und umsiedeln. Suche eine seiner frisch gegrabenen Laufröhren mit den festen, glatten Wänden und grabe eine mindestens 25 cm hohe Konservendose (oder einen Plastikeimer) so ein, dass die Laufröhre knapp über den mit Erde getarnten Dosenrand führt. Die Fallgrube wird zur laufenden Kontrolle mit einer Steinplatte abgedeckt.
Am anderen Morgen ist der Maulwurf vielleicht schon in der Dose. Lasse das Tier auf einem Gelände frei, wo es sich durch Vertilgung von allerlei Kleingetier nützlich machen kann. Beachte: Der Maulwurf steht unter Naturschutz. Mann darf ihn nur im eigenen Garten unter allergrößter Vorsicht und unter Anleitung eines Erwachsenen fangen.

270
Wühler mit feiner Nase

Einen gefangenen Maulwurf kannst du in einer großen Kiste mit einer dicken Schicht nicht zu trockener Erde eine Weile beobachten. Da er täglich fast die Hälfte seines Körpergewichtes an Regenwürmern und Insekten benötigt, musst du ihn umgehend wieder freilassen. Der Maulwurf wühlt, schnüffelt und wittert mit seiner feinen Nase einen Wurm durch eine 10 cm dicke Erdschicht. Lässt man einen Regenwurm über einen Steinfußboden kriechen und setzt etwas später den Maulwurf auf dessen Spur, verfolgt er alle Kriechwindungen des Wurmes, bis er ihn am Ende gefunden hat.

271
Versteckte Nüsse

Das Eichhörnchen-Weibchen bringt seine Jungen zur Nussernte mit. Von ihrem Kobel, in dem die Tiere im ersten Herbst und Winter gemeinsam schlafen, machen sie Streifzüge entlang den Haselhecken. Sie turnen in den äußersten dünnen Zweigen, wo die Nüsse sitzen. Ein Teil der Nüsse wird von den Tieren in Spechthöhlen, Astlöchern sowie im Erdboden versteckt und sogar im Winter unter dem Schnee wiedergefunden. Bemerkst du Eichhörnchen in deiner Nähe, prüfe doch einmal ihren Geruchssinn und stelle ein ungeöffnetes Päckchen Haselnusskerne draußen vor das Fenster. Die Eichhörnchen folgen der Duftfahne, das Päckchen wird sicherlich bald entdeckt und leer gefuttert.

272
Urinstinkt

Bevor sich Katzen und Hunde auf dem Teppich oder in ihrem Körbchen zum Schlafen niederlegen, drehen sie sich häufig erst mehrmals im Kreis herum.
Dies ist eine Instinkthandlung, die den Tieren aus Urzeiten angeboren ist. Die wilden Vorfahren der Haustiere mussten im hohen Gras oder Schilf ihr Lager herrichten. Sie lernten damals, durch Drehbewegungen ihres Körpers die Halme zu einem wärmenden Polster niederzudrücken, sie gleichzeitig zu ordnen und dabei auch die Haare ihres Fells glatt zu streichen.

273
Leuchtende Augen

Wie kommt es, dass die Augen von Katzen, Hunden, Rehen und anderen Tieren leuchten, wenn sie im Dunkeln angestrahlt werden? Das Licht eines Scheinwerfers wird von einer reflektierenden Schicht im Auge zurückgeworfen. Die Schicht besteht aus mikroskopisch kleinen „Guanin"-Kristallen, die übrigens auch in Fischschuppen den Spiegelglanz verursachen. Da die Kristalle hinter der Netzhaut liegen, bewirken sie durch Reflexion eine doppelt helle Bildwahrnehmung auf den Sehzellen: Sie werden von den Lichtstrahlen einmal auf dem Hinweg und ein zweites Mal auf dem Rückweg gereizt; das ist auch der Grund, warum Nachttiere noch in der Dunkelheit gut sehen können.

274
Tierverhalten

Wenn ein Hund oder eine Katze Gras frisst, soll es Regen geben. Das ist ein alter Aberglaube! Wie man weiß, verzehren die Tiere gern frische und ausgeschossene, leicht verholzte Halme, obwohl ihr Gebiss für derartige Kost denkbar ungeeignet ist. Sie tun das, wenn sie das instinktive Bedürfnis haben, ihre Verdauung zu regeln.

Ähnlich wie uns Menschen ein Stück trockenes Brot hilft, wenn ein Bissen in der Speiseröhre steckt, räumen die Pflanzenfasern den Magen der Tiere aus. Knochensplitter, Fellreste, Federn und die vielen Haare, die sie beim Lecken ihres Fells schlucken, werden mit dem Gras ausgeschieden oder herausgewürgt.

275
Tiere unter sich

In brütender Hitze stehen die Pferde auf einer Koppel paarweise dicht nebeneinander, und zwar jeweils Kopf an Schweif. Das bringt Vorteile bei der Abwehr von Fliegen, Bremsen und Mücken. Jedes Pferd kann durch Bewegen seines Schweifes nicht nur die eigene Hinterpartie und Bauchseite von den Insekten freihalten, sondern auch Kopf und Hals des anderen Tieres. Am Hals sind die stechenden Insekten besonders lästig und von den Augenrändern und Nüstern sonst nur durch ständiges Kopfschütteln zu vertreiben.

Bei windigem, kaltem Wetter, wenn die Insekten fortgeblasen sind, stellen sich die Pferde gegen den Wind. Sie halten sich auf diese Weise warm, denn der Wind kann nicht unter ihre Deckhaare wehen.

276
Instinkt der Regenwürmer

Steckt man im Garten ein Brettchen in der Größe eines Lineals schräg in den Humusboden und trommelt leicht mit den Fingern darauf, kommen ringsherum Scharen von Regenwürmern aus der Erde gekrochen. Verlassen die Tiere instinktiv ihre Löcher, um einem vermeintlichen Räuber, dem Maulwurf, zu entgehen? Oder kriechen sie deshalb heraus, weil sie das Zittern des Bodens auf einen Regen zurückführen?
Beides kann zutreffen. Regenfälle locken die Würmer nämlich nicht aus der Erde, sondern treiben sie regelrecht heraus, weil sich ihre unterirdischen Gänge mit Regenwasser füllen und ihre Atemluft knapp wird.

277
Bunte Schneckenhäuser

Wer die Gehäuse von Landschnecken sammelt und sortiert, ist erstaunt, wie viele Arten, Formen und Farben es gibt. Die meisten Arten haben – von oben gesehen – Rechtswindungen. Man kann aber von einer rechts windenden Art mitunter ein Exemplar entdecken, das durch Mutation (Änderung der Erbmerkmale) ein links gewundenes Haus bekommen hat. In der Sammlung hat das Seltenheitswert! Manchmal findet man eine Menge aufgeschlagener Schneckenhäuser um einen Stein gehäuft. Als Täter entpuppt sich hier die Singdrossel; sie zerschlägt die Schalen mit weit hörbarem „Klick-Klick" und verspeist das Fleisch.

278
Süße Schneckennahrung

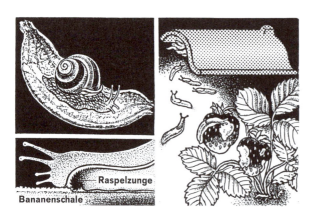

Setzt du eine Weinbergschnecke auf die Innenseite einer frischen Bananenschale, beginnt sie sogleich zu futtern. Mit ihrer Zunge, die wie eine Raspel mit tausenden feiner, nach hinten gerichteter Zähnchen versehen ist, schabt sie die weiße Schicht der Schale ab. Neben allerlei zarten Blättchen verzehren Schnecken besonders gern süße Pflanzenstoffe. Die kleinen, gelblich grauen Ackerschnecken fressen nachts im Garten Gemüse und Beeren an. Da sie kein schützendes Schneckenhaus haben, verkriechen sie sich rechtzeitig am Morgen in ein feuchtes Versteck.

279
Schneckentempo

Aus zahlreichen Drüsen ihres Fußes scheidet die Schnecke einen Schleim aus, in dem sie regelrecht dahinschwimmt. Selbst eine scharfe Rasierklinge kann ihr auf Grund der guten Schmierung nichts anhaben.
Von unten durch eine Glasscheibe betrachtet, erkennt man auf ihrer Kriechsohle streifenförmige Schatten, die in gleich bleibendem Tempo von hinten nach vorn wandern. Sie entstehen durch das wellenförmige Zusammenziehen der Muskeln, wobei laufend ein Stück des Fußes hinten vorgezogen und vorn vorgeschoben wird. Tempo einer Weinbergschnecke: 12 cm pro Minute.

280
Schutz der Natur

 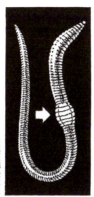

Eine Amsel, die mit ihrem Schnabel im Boden stochert und einen Regenwurm erwischt, versucht ihn herauszuziehen. Doch der Wurm hakt sich mit den steifen Borsten, die an seinem Bauch sitzen, in seiner Röhre fest. Zerreißt nun der Wurm, verzieht sich das in der Röhre verbliebene Ende in den Boden. Handelt es sich um das Kopfende, bleibt es am Leben und bildet ein neues Hinterende.
Im Frühjahr fallen Regenwürmer mit dickem, orangefarbenem Gürtel auf. Vögel verschmähen diese Würmer, da die Körperstelle mit der Warnfarbe außer Regenwurmeiern ein gefährliches Gift enthält.

281
Insekten und Blütenfarben

Achte einmal im Garten auf Bienen, Schwebfliegen und Schmetterlinge, die sich in der Sonne auf Wäschestücke setzen, und zähle, wie häufig sie die verschiedenen Farben anfliegen. Es stellt sich heraus, dass die Insekten im allgemeinen Gelb und Weiß bevorzugen. Genauso verhalten sie sich gegenüber Blütenfarben. Zum vollen Rot fliegen nur Schmetterlinge, die anderen Insekten sind rotblind. Das zeigt sich besonders im Wald. Da die dunklen Farben Rot, Violett und Blau in finsteren Schonungen noch weniger auffallen, erklärt es sich, warum es dort fast nur weiße, gelbe oder zartrosa Blüten gibt: Die anderen werden von den Insekten übersehen, bleiben unbestäubt, bilden keine Samen und verkümmern.

282
Lockspeise für Schmetterlinge

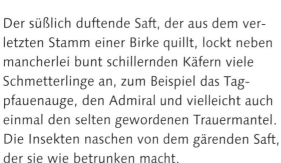

Der süßlich duftende Saft, der aus dem verletzten Stamm einer Birke quillt, lockt neben mancherlei bunt schillernden Käfern viele Schmetterlinge an, zum Beispiel das Tagpfauenauge, den Admiral und vielleicht auch einmal den selten gewordenen Trauermantel. Die Insekten naschen von dem gärenden Saft, der sie wie betrunken macht.

Eine selbst angesetzte Mixtur aus Malzbier, Sirup, Apfelmus und etwas Rum lockt an warmen Sommerabenden besonders Nachtschmetterlinge an. Tränke damit eine Papierserviette und drücke diese in einen Jogurtbecher, den du zu einer Blüte umgestaltet und auf einen Stab gesteckt hast.

283
Falter auf dem Finger

Auf faulendem Fallobst sieht man häufig Schmetterlinge sitzen. Sie trinken von dem gärenden, süßen Fruchtsaft und sind davon oft so benommen, dass man sie mit zwei Fingern an den Außenseiten der Flügel anfassen und aufnehmen kann.

Niemals darf man die Innenseiten der Flügel mit ihren staubfeinen, farbigen Schuppen berühren oder gar einen Falter in der hohlen Hand flattern lassen! Admiral und Tagpfauenauge bleiben ruhig auf dem Finger sitzen, wenn man ihnen einen Tropfen Marmeladensaft vorsetzt. Sie entrollen den 17 mm langen Saugrüssel, tauchen ihn in den Saft und laben sich.

284
Natürlicher Gartendünger

Im Garten fallen verwelkte Laubblätter auf, die tütenförmig eingerollt und im Erdboden eingedreht sind. Man entdeckt auch vertrocknete, lange Grashalme, die seltsamerweise wie Fähnchen senkrecht im Rasen stecken. Hier verbirgt sich ein großes Umweltgeheimnis. In der Nacht kommen die Regenwürmer mit ihrem Vorderende aus den Röhren, suchen nach verwelktem Laub und Gras, das nach dem Mähen liegen geblieben ist, und ziehen es mit dem Maul in die Erde hinein. Nach dem Verfaulen verzehren die Regenwürmer die Pflanzenreste und verarbeiten sie zusammen mit der Erde, die sie durch ihren Körper leiten, zu den bekannten Wurmhäufchen (A). Diese bestehen aus nährstoffreichen Humuskrümeln.

285
Mimikry des Mondvogels

Der Mondvogel sieht einem abgebrochenen Aststückchen ähnlich, wenn man diesen Nachtschmetterling am Tag findet. Seine baumrindenartig gemusterten Flügel sind um den Körper gerollt. Auf der Brust und den Flügelspitzen ist je ein gelber Fleck, der mit seinem dunkelbraunen, gezackten Rand eine Bruchstelle im Holz vortäuschen soll.
Die Flügelzeichnung der Schmetterlinge ändert sich fortwährend. In ihrer langen Entwicklungsgeschichte blieben nur solche Schmetterlinge erhalten und konnten sich bis heute vermehren, deren Flügelzeichnung sich den Umweltveränderungen am besten anpasste und jeweils optimalen Schutz vor Feinden bot.

286
Tarnung und Warnung

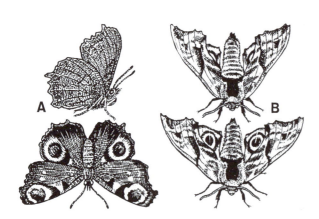

Manche Schmetterlinge entwickelten eine besonders raffinierte Flügelzeichnung, um ihre Feinde mit einem vorgetäuschten Bild gefährlicher Tiere abzuschrecken.

Das Tagpfauenauge, das in Ruhestellung durch die unscheinbare Färbung seiner Flügelunterseiten getarnt ist, öffnet bei Gefahr seine Flügel. Vögel, die den Falter meist von vorn erhaschen wollen, sehen plötzlich in ein Eulengesicht (A). Das Abendpfauenauge sieht in Ruhestellung dem Gesicht einer schlafenden Katze ähnlich. Wird der Schmetterling erschreckt, bleibt er ruhig sitzen, bewegt aber ruckartig die Vorderflügel nach vorn und es öffnen sich scheinbar zwei Furcht erregende Augen (B).

287
Verirrte Schmetterlinge

Warum kommen so viele Nachtschmetterlinge am Abend an die Laternen geflogen? Sie werden vom Licht nicht angelockt, sondern irregeführt. Beim Flug durch die Dunkelheit zu ihren Nektarquellen orientieren sich die Nachtschmetterlinge am Mond.

Sie wissen instinktiv, dass sie geradeaus fliegen, solange das Mondlicht von derselben Seite in ihre Augen fällt. Kommen sie aber an einer erleuchteten Laterne vorbei, verwechseln sie diese mit dem Mond. Um nun das Laternenlicht weiter von derselben Seite im Auge zu behalten, weichen sie von ihrem geraden Kurs ab und nähern sich in einer Spirale der Lichtquelle.

288
Falter im Schnee

Im Herbst flattert das Tagpfauenauge auf luftige Dachböden, in Keller und Schuppen und fällt – die Fühler zwischen die Flügel gelegt – in Winterstarre. Aus beheizten Räumen entfernt man den Falter frühzeitig, da er in trockener Zimmerluft wie auch in Nachbarschaft von Spinnen nicht überlebt. Der Kleine Fuchs sucht sich eine Erdhöhle, nicht selten beim großen Namensvetter.
Völlig im Freien, oft vom Schnee umgeben und vom Frost wie zu Glas erstarrt, überwintert der Zitronenfalter. Ein Wunder, dass alle diese Schmetterlinge im März zu neuem Leben erwachen! Dann tummeln sie sich mit ihren oft abgewetzten Flügeln in der Sonne und legen bald Eier, aus denen sich bis zum Juli neue Falter entwickeln.

289
Lebensgemeinschaft im Ameisennest

Bläulinge, die himmelblauen, bräunlichen bis kupferroten Schmetterlinge, sieht man manchmal zusammen mit Ameisen unter den Blättern von Pflanzen sitzen und von den süßen Ausscheidungen der Blattläuse trinken. Die kleinen Falter verbindet eine merkwürdige Freundschaft mit den Ameisen. Ihre grünen Raupen sondern nämlich auch einen süßen Drüsensaft ab, der bei den Ameisen sehr begehrt ist. Deshalb schleppen die Ameisen die Raupen oft in großer Zahl in ihre Nester und füttern sie dort. Sind die Schmetterlinge aus der Puppe geschlüpft, bringen die Ameisen sie ans Tageslicht.

290
Grillen als Wächter

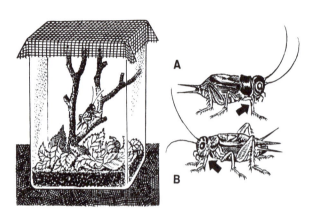

An Sommerabenden lassen die Grillen ihr feines „tschirr-tschirr" ertönen: die Feldgrille mit glänzend schwarzem Kopf (A) und das Heimchen, die braungelbe Hausgrille (B). Du kannst eines dieser Tiere im Taschenlampenlicht fangen, in eine Plastikdose mit etwas Sand und Laub setzen und mit Haferflocken, Obst oder Insekten füttern. Es zirpt unentwegt, indem es die Flügel aneinander reibt.
In China werden Grillen seit alters als Wachtiere in Käfigen gehalten. Bei leisesten Geräuschen, die sie mit ihren Hörorganen in den Vorderbeinen (Pfeile) wahrnehmen, unterbrechen sie ihr nächtliches Zirpen.

291
„Goldaugen"

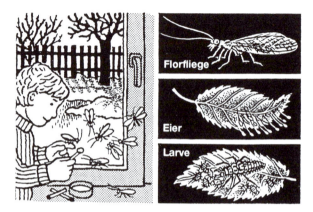

Zeitig im Vorfrühling sind plötzlich einige Florfliegen am Zimmerfenster. Diese zarten, 2 cm großen Geschöpfe mit den durchsichtigen grünen Flügeln und goldgrün schimmernden Augen überwintern oft zu mehreren bei uns in den Häusern. Sie lassen sich mit Zuckerwasser und kleinen Stückchen von rohem Fleisch füttern.
Nun lockt der Sonnenschein sie nach draußen. Bringe die Insekten in den Garten und setze sie am besten auf einen Komposthaufen oder in einen Busch. Dort legen sie bald merkwürdig langgestielte Eier auf den Blättern ab. Die Larven sind, ebenso wie die ausgewachsenen Florfliegen, eifrige Blattlausjäger.

292
Raupenjäger

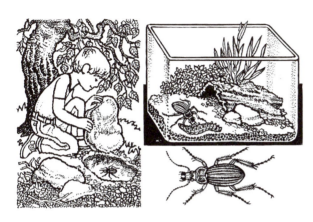

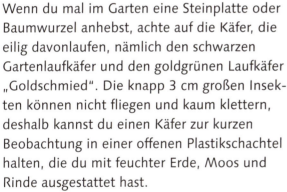

Wenn du mal im Garten eine Steinplatte oder Baumwurzel anhebst, achte auf die Käfer, die eilig davonlaufen, nämlich den schwarzen Gartenlaufkäfer und den goldgrünen Laufkäfer „Goldschmied". Die knapp 3 cm großen Insekten können nicht fliegen und kaum klettern, deshalb kannst du einen Käfer zur kurzen Beobachtung in einer offenen Plastikschachtel halten, die du mit feuchter Erde, Moos und Rinde ausgestattet hast.
Mit seinen zangenartigen Kiefern stürzt der Käfer sich besonders auf Raupen, Nacktschnecken und Wiesenschnaken. Er spritzt der Beute einen Verdauungssaft ein und saugt sie aus. Gegen Schmetterlingsraupen mit dichtem Haarpelz kann er allerdings nichts ausrichten.

293
Feind der Blattläuse

Wie nützlich die Siebenpunkt-Marienkäfer sind, erkennt man, wenn man einen Käfer auf eine von Blattläusen befallene Pflanze setzt. Im Nu verspeist er einige Läuse und lässt sich dabei auch nicht von den Ameisen vertreiben, die die Blattläuse wegen ihrer süßen Ausscheidungen wie Kühe melken. Auch die grauviolette, schwarz und gelb gepunktete Marienkäferlarve (A) ernährt sich von Blattläusen. Wenn man einen Zweig mit einer Puppe (B) in ein Glas stellt, kann man das Ausschlüpfen des Marienkäfers beobachten. Von einem angefeuchteten Zuckerstückchen nascht der Käfer gern.

294
Wiederbelebung einer Fliege

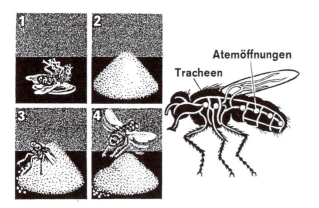

Eine Stubenfliege, die ins Wasser gefallen ist, erscheint nach einigen Minuten vollkommen leblos. Sie lässt sich jedoch meist wiederbeleben: Nimm die Fliege aus dem Wasser und häufe einen halben Teelöffel trockenes Kochsalz über sie. Nach etwa 20 Minuten krabbelt das Insekt aus dem Salz und schwirrt davon. Wie erklärt sich das?

Die ins Wasser gefallene Fliege ist nur betäubt, weil in die Tracheen, die feinen Atemröhrchen im Körper, in den Flügeln und Beinen, Wasser eingedrungen ist und ihre Organe keinen Sauerstoff mehr bekommen. Da Salzkristalle hygroskopisch sind, also Feuchtigkeit anziehen, holen sie das Wasser aus den Tracheen heraus.

295
Eine Fliege im Winter

Eine tote Fliege an der Wand, die meist nur mit ihrem Saugrüssel festsitzt und wie weiß überpudert aussieht, zeugt von einer Pilzkrankheit, an der alljährlich im Herbst ganze Fliegenschwärme zu Grunde gehen. Ein bestimmter Pilz, der sich durch seine Sporen von Fliege zu Fliege überträgt, zehrt durch sein Myzel die Insekten innerlich auf.

Nur einige wenige Weibchen überleben und überwintern unbeachtet in der Wohnung. Doch jedes einzelne sorgt für neue Schwärme von Milliarden von Fliegen, die sich aus ihren Eiern in vielen Fliegengenerationen während eines Sommers entwickeln.

296
Gefährliche Fliegen

Fliegen übertragen Krankheitskeime auf unsere Nahrungsmittel, das kannst du beweisen. Löse einen kleinen Brühwürfel in etwas heißem Wasser auf, dicke die Brühe mit ein wenig Stärkemehl an und lasse sie in einem sauberen Blechdeckel, abgedeckt mit Glas, erkalten. Fange danach eine Stubenfliege, setze sie unter den Glasdeckel, lasse sie kurz über den Nährboden laufen und befreie sie wieder. Nach ein bis zwei Tagen zeigen sich da, wo das Insekt entlanggetrippelt ist, kleine milchige Flecke. Das sind Kolonien von Bakterien, die die Fliege mitgebracht hat und die sich inzwischen gewaltig vermehrt haben.

297
Wurm im Apfel

Wie kommt eigentlich ein Wurm in den Apfel? Genau genommen ist dieser Wurm die Raupe des Apfelwicklers, eines kleinen, unscheinbaren Nachtschmetterlings. Dieser legt im Frühsommer jeweils ein Ei auf einen jungen Apfel. Die ausgeschlüpfte Larve frisst sich durch das Fruchtfleisch und verzehrt die Kerne.
Bevor der Apfel ausgereift ist, nagt sie sich einen neuen Weg von innen nach außen und seilt sich schließlich an einem Faden, den sie aus einer Spinndrüse ausscheidet, vom Baum ab. Hinter den Schuppen der Baumrinde sucht sie sich einen Schlupfwinkel für den Winter.

298
Geräusche aus der Nuss

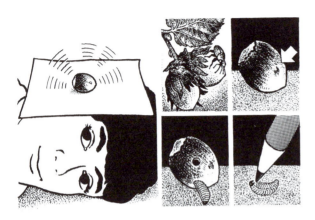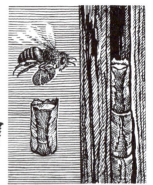

Eine kleine Narbe auf der Schale einer noch unreifen Haselnuss verrät, dass hier ein Haselnussbohrer am Werk war (Pfeil). Im Frühjahr hat der kleine Käfer die weiche Schale durchbohrt, indem er sich um seinen Rüssel drehte, und ein Ei in die Frucht gelegt. Bringst du eine befallene Nuss auf einem glatten Bogen Papier an dein Ohr, kannst du die schabenden Fressgeräusche der ausgeschlüpften Larve enorm verstärkt hören. Sie verzehrt den Kern, der als Nahrung für ihre Entwicklung gerade ausreicht, und schneidet sich im September ein kleines Ausgangsloch durch die Schale. Wenn man die Larve mit einer Bleistiftspitze reizt, zeigt sie ihre scharfen Kiefer.

299
Geschneiderte Brutzellen

In Rosen- und Apfelblättern entdeckt man kreisrunde und ovale Löcher mit fein gezahntem Rand. Sie zeugen von der Arbeit der Blattschneiderbiene. Mit ihren scharfen Kiefern schneidet sie zuerst ovale Blattstückchen aus, trägt sie im Flug davon und schleppt sie in Holzritzen oder hohle Pflanzenstängel.

Dort rollt sie mehrere dieser Blattteile zu einem fingerhutartigen Behälter zusammen. Sie füllt ihn mit Honig und Blütenstaub, legt darauf ein Ei und verschließt ihn mit einem genau passenden runden Blattdeckel. Mehrere solcher Brutzellen werden von der Biene in dem Versteck übereinander gestapelt.

300
Fliegende Spinnen

Feine, glitzernde Spinnfäden schweben im September, im so genannten Altweibersommer, durch die Lüfte. Mit einer Lupe lässt sich erkennen, dass am Ende eines jeden Fadens ein kleines Tierchen hängt. Es sind hauptsächlich junge Krabbenspinnen, die auf der Suche nach einem Winterquartier auf Wanderschaft sind.
Sie klettern an Pflanzen, Zäunen oder Mauern empor und schießen feine Fäden aus ihren Spinndrüsen am Hinterleib. Der Wind erfasst die Fäden und trägt sie mitsamt den Tierchen davon, manchmal nur bis zur nächsten Pflanze, oft aber über weite Gebiete hinweg.

301
Baustoff der Wespen

Wer verursacht das deutlich hörbare Rascheln und Knistern, das an einem stillen Sommertag aus dem Schilf am Teich zu hören ist? Man denkt zuerst an Mäuse, entdeckt aber schließlich, dass hier Wespen am Werk sind.
Sie knabbern mit ihren Kiefern unüberhörbar an den vertrockneten Blättern des Schilfs und der Schwertlilien und zerkauen die Pflanzenfasern mit ihrem Speichel zu einer papierähnlichen Masse. Aus diesem Brei bauen die Wespen in Erdhöhlen, an Bäumen und unter Dächern ihr kugeliges Nest. In seinem Inneren sind in mehreren Etagen die Waben mit der Brut aufgehängt. In der Stadt kannst du Wespen auch an Plakatwänden und Litfaßsäulen beobachten. Hier bereiten sie sich ihren Papierbrei zu.

302
Zuchtversuch im Garten

Im milden Vorfrühlingswetter sieht man aus manchen Knospen des Haselnussstrauchs winzige purpurrote Fäden ragen (Pfeil). Das sind die weiblichen Blüten des Strauchs, die der Wind mit dem gelben Blütenstaub der männlichen Blüten, den troddelartigen Kätzchen, bestäubt.
Pudere einmal selbst mit Hilfe eines Tuschpinsels Blütenstaub (möglichst aus Kätzchen eines anderen Haselnussstrauches) auf die roten Blütenstempel und markiere die betreffenden Blüten mit Bändern. Beobachte, wie sich nach der Befruchtung mit dem Blütenstaub die Blüten verändern und sich aus ihren Fruchtknoten im Laufe von Monaten Nüsse entwickeln.

303
Stabilität durch Druck

Stellst du eine Löwenzahnblume, deren Stängel du der Länge nach kreuzweise aufgeschnitten hast, in ein Glas mit Wasser, so rollen sich die vier Stängelenden zusehends spiralig zusammen. Wie kommt das?
Die innere Schicht des Stängels besteht aus schwammartigen Zellen, die sich durch zusätzliche Wasseraufnahme stark ausdehnen und dadurch das Aufrollen bewirken. Im ungespaltenen Stängel wird das durch eine dünne, aber feste äußere Zellschicht verhindert. Diese fängt den hohen Druck der inneren Zellen auf und gibt so dem Stängel seine Festigkeit – vergleichbar mit einem Fahrradmantel auf einem voll gepumpten Gummischlauch.

304
Knall im Garten

Im Winter werden die Stämme von Obstbäumen häufig gekalkt. Warum? Die Wärme der Vorfrühlingssonne bringt den Saft in der äußeren Wachstumsschicht der Baumstämme vorzeitig in Bewegung. Kommt es gleichzeitig zu starkem Nachtfrost, gefriert der Saft und infolge der beachtlichen Ausdehnung des Wassers, wenn es zu Eis wird, platzen die Saftbahnen wie einfrierende Wasserleitungen. Es bilden sich Frostrisse im Baumstamm, manchmal sogar mit einem lauten Knall in der Nacht. Die Risse werden zwar durch Harzabsonderung verschlossen, dennoch können Fäulniserreger eindringen. Gekalkte Baumstämme reflektieren das Sonnenlicht, folglich erwärmen sie sich nicht so stark.

305
Veilchen an Ameisenstraßen

Streut man Veilchensamen auf einer Ameisenstraße aus, werden sie von den Ameisen begierig aufgelesen und mitgeschleppt. Entfernt man aber vorher die kleinen, fleischigen Anhängsel der Samen, bleiben sie unbeachtet. Tatsächlich sammeln die Ameisen die Veilchensamen, die aus den geplatzten Fruchtkapseln der Pflanzen gefallen sind, allein wegen dieses süß schmeckenden Anhängsels. Sie knabbern es meist auf dem Weg zum Nest ab und lassen die eigentlichen Samen liegen. Die Körnchen keimen aus und so kommt es, dass Veilchen besonders häufig da wachsen, wo Ameisen ihre Straßen haben.

179

Auf Feld und Wiese

306
Pflanze mit Giftspritzen

 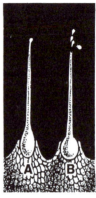 

Was verursacht das Brennen auf der Haut nach Berühren einer Brennnessel? Die Blätter und Stängel dieser Pflanze sind mit zahlreichen Brennhaaren besetzt. Jedes Brennhaar ist eine einzelne Pflanzenzelle und besteht aus einem Röhrchen, dessen Spitze spröde wie Glas ist. Am unteren Ende sitzt ein elastisches Bläschen (A). Es ist prall mit einem giftigen, Ameisensäure enthaltenden Saft gefüllt.
Ein Brennhaar ähnelt also einer Pipette (rechts). Berührt man es, bricht seine Spitze ab und der auf das Bläschen ausgeübte Druck lässt das Gift aus der scharfen Spitze in die Haut spritzen (B).

307
Perlen am Frauenmantel

Die rosettenförmigen Blätter des Frauenmantels, eine Pflanze, die man auf Wiesen und in Gebüschen findet, sind am Morgen nach feuchtwarmen Nächten von einer Kette kristallklarer Wasserperlen umsäumt. Es handelt sich hier keineswegs um Tau, sondern um Wassertropfen, die aus den Öffnungen am Ende der Blattnerven hervorgepresst werden. Das geschieht, weil der Frauenmantel in der feuchten Luft schwüler Sommertage durch die winzigen Poren seiner Blattflächen nicht so viel Wasser ausscheiden kann, wie er durch seine Wurzeln aufnimmt. In der vertieften Blattmitte sammeln sich die Tropfen zu einem kleinen See, der wie ein Edelstein funkelt.

308
Aufblühen der Nachtkerze

An einem warmen Sommerabend kann man das Aufblühen der Nachtkerze miterleben, die an Feldrainen, auf Wegböschungen und Schuttplätzen, aber auch im Garten zu finden ist. Unzählige Nachtschmetterlinge und Wildbienen werden in der Dunkelheit von ihr angelockt.
Achte bei Sonnenuntergang auf eine Knospe, deren grüne Kelchblätter schon leicht geöffnet sind, und warte (1). Plötzlich kommt Bewegung in die Knospe: Zusehends öffnet sie sich weiter, es entfalten sich die leuchtend schwefelgelben Blütenblätter und ruckartig klappen schließlich die Kelchblätter nach hinten (2). Das alles geschieht innerhalb von nur 3 Minuten. Am Abend darauf ist diese Blüte schon fast verwelkt und eine neue entfaltet sich.

309
Leben im Reisighaufen

Ein Reisighaufen vom vorigen Jahr. Darf man ihn im Frühjahr abbrennen? Der Natur zuliebe, nein!

Für den Igel ist ein Reisighaufen Tages- und Winterquartier. Er schläft hier bis in den April hinein.

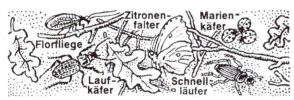

Auch zahlreiche Insektenarten überwintern in der feuchten Fäulniswärme der unteren Reisigschicht.

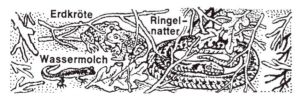

Erdkröten und Wassermolche leben oft mit Ringelnattern in einem Haufen friedlich zusammen.

Allerlei Spinnen und ihre Eierkokons sind im Frühjahr begehrte Nahrung für die jungen Vögel.

Spitzmäuse bringen unterm Reisig ihre Jungen zur Welt. Das Mauswiesel stört sie nicht.

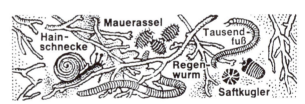

Viel nützliches Kleingetier im Innern verarbeitet die morschen Zweige zu fruchtbarem Mulm und Humus.

Wer trotzdem ein Feuer machen will, sollte lieber einzelne Zweige separat an anderer Stelle anzünden.

182

310
Geheimnis der Kopfweiden

Wie kommt es, dass Kopfweiden an Wiesengräben und Feldrainen häufig in einer Reihe stehen? Die Antwort ist sehr einfach: Sie haben sich aus Pfählen entwickelt, die jemand vor vielen Jahren aus grünem Weidenholz gesägt und als Zaun gesetzt hat.
Wo der Untergrund feucht war, haben die Pfähle Wurzeln geschlagen und sich zu Bäumen entwickelt. Durch häufiges Abschneiden der besenförmigen Triebe vernarbte im Laufe der Jahre das Holz und es bildete sich die kopfförmige Verdickung des Stammes. Beobachte: Weidenruten, die man in einen Topf mit Wasser stellt, treiben schon nach einigen Tagen Wurzeln und lassen sich auspflanzen.

311
Flecken auf der Weide

Auf manchen Viehweiden haben die Kühe im Sommer das Gras bis auf die Wurzeln abgefressen. Doch hier und da sieht man so genannte „Geilstellen", üppige Büschel von saftig grünem Gras, das die Tiere nicht angerührt haben.
„Selbst bei Hunger meidet das Vieh das Gras, das auf seinem eigenen Mist gewachsen ist", weiß der Bauer. Tatsächlich haben sich überall da, wo im Frühjahr mehrere Kuhfladen übereinander lagen, infolge der übermäßig starken Düngung die feinen Futtergräser zurückgebildet. Dafür sind minderwertige Grassorten hochgeschossen, die den Tieren nicht schmecken.

312
Hilfe für Igel

Manchmal findet man noch zu Beginn des Winters draußen einen Igel, der – vor Kälte klamm – bisher keinen geeigneten Winterschlafplatz gefunden hat. Ebenso kann der Igel bei allzu starkem Frost aus seinem Winterschlaf erwacht sein, um sich einen geschützteren Schlupfwinkel zu suchen.

So ein Tier rettet man keinesfalls vor dem Erfrieren, indem man es mit nach Hause nimmt. Die meisten Igel sterben dabei. Schaffe ihnen lieber draußen einen Platz, wo sie ihren Winterschlaf halten können. Ein Haufen aus Reisig, Baumschnitt, Laub und ein paar großen Steinen ist ideal für Igel. Von hier aus startet der Igel seine Ausflüge in den Garten und holt die Nacktschnecken vom Salatbeet.

313
Schutz für kleine Hasen

Wer jemals einen oder mehrere junge Hasen scheinbar verlassen auf dem Feld findet, darf sie niemals anfassen! Die Häsin kommt regelmäßig dreimal am Tag, um die Jungen zu säugen; der menschliche Geruch aber würde sie vertreiben.

Junge Hasen, wie auch neugeborene Tiere anderer Haarwildarten, haben keinen Eigengeruch. Dem Fuchs ist es daher unmöglich, sie zu wittern. Um ganz sicherzugehen, setzt die Häsin ihre Jungen gern auf einem Feld ab, das mit frischem Stallmist gedüngt ist. Sein scharfer Geruch überdeckt die Witterung ihrer eigenen Spur und seine braune Farbe tarnt die Jungen perfekt.

314
Kinderstube der Wildkaninchen

Allzu leicht kann ein Hund, der in der Erde nach einer vermeintlichen Maus wühlt, an kleine Wildkaninchen geraten! Die Kaninchenhäsin bringt ihre Jungen nicht in dem weit verzweigten, unterirdischen Bau zur Welt, wo sie von Marder, Iltis und Wiesel bedroht wären.
Sie setzt sie in eine nur einen halben Meter tiefe Röhre, die sie waagerecht in einen Hang gegraben und mit ihrer eigenen Wolle gepolstert hat. Den Zugang verschließt sie fest mit Erde. Lediglich in der Dämmerung morgens und abends scharrt sie ihn für eine Weile auf, um die Jungen, die anfangs noch blind und völlig hilflos sind, zu säugen.

315
Raureif am Kaninchenbau

Wildkaninchen lieben flaches Land und leicht hügeliges Gelände mit sandigem Boden. Tagsüber schlafen die Tiere in ihrem weit verzweigten Bau, den sie sich in einen sonnigen Hang bis zu 3 m tief gegraben haben.
Bei Frost kann man erkennen, ob ein Kaninchenbau bewohnt ist. Am Eingang der Höhle und an den Pflanzen unmittelbar davor zeigt sich dann leichter Raureif. Er rührt von der in der warmen Atemluft des Tieres enthaltenen Feuchtigkeit her. Sie steigt nach oben, schlägt sich beim Zusammentreffen mit der Kaltluft nieder und gefriert. Im Garten und auf dem Feld findet man häufig kleine Kaninchenkuhlen. Diese graben die Tiere auf der Suche nach zarten Wurzeln und nicht, um sich hier einen weiteren Bau anzulegen.

316
Trick des Hasen

Wenn man eine Hasenspur im Schnee verfolgt, wundert man sich gelegentlich, dass sie plötzlich irgendwo endet. Um Fuchs und Hund, die ihn mit ihrer feinen Nase verfolgen, irrezuleiten, ist der Hase in seiner Spur bis zu 50 m weit zurückgelaufen. Mit einem Riesensatz ist er dann einige Meter seitwärts gesprungen und in eine andere Richtung weitergehoppelt.
Diesen Trick wendet der Hase im Winter wie auch in den anderen Jahreszeiten meist dann an, wenn er seine „Sasse" aufsucht. Das ist die flache Erdmulde, in der er sich am Tag vor seinen Feinden versteckt hält.

317
Flucht gegen den Berg

In seiner Sasse fühlt sich der Hase so sicher, dass er Menschen oft bis auf wenige Schritte herankommen lässt, ehe er das Weite sucht. Im hügeligen Gelände flüchtet der Hase stets bergauf. Da seine Hinterläufe im Vergleich zu seinen Vorderläufen besonders lang und muskulös sind, kommt er bergauf sehr schnell voran.
Er weiß, dass er dem Fuchs und Hund gegenüber im Vorteil ist, denn deren Vorder- und Hinterbeine sind gleich lang. Im flachen Gelände kann der Hase, dank seiner besonders biegsamen Wirbelsäule, im Sprung Haken schlagen und so den Verfolger abschütteln.

318
Versteck unter Schnee

An windgeschützten Stellen legt sich der Hase mehrere Sassen an, die er abwechselnd aufsucht. In so einer Erdmulde ruht er, mit der Nase gegen den Wind, während des Tages. Seine etwas hervorstehenden Augen erlauben ihm einen weiten Rundblick (Pfeile) und die angelegten Ohren vernehmen auch noch das feinste Geräusch.
Oft lässt sich der Hase einschneien. Er ist dann wie ein Eskimo in seinem Iglu durch die Schneedecke gegen den Frost geschützt. Nur ein kleines, von seiner Atemluft geschmolzenes Loch im Schnee verrät das Versteck.
Übrigens, wenn der Hase schläft, hat auch er die Augen geschlossen.

319
Hase oder Kaninchen?

Obwohl sich ein Hase durch seinen größeren Körper, seine längeren Löffel und überlangen Hinterläufe leicht von einem Wildkaninchen unterscheiden lässt, ist es nicht immer klar, welches der beiden Tiere gerade vor einem davonhoppelt.
Es gibt aber ein untrügliches Erkennungszeichen: Beim laufenden Kaninchen wippt der Schwanz, die Blume, in einem fort auf und ab und blinkt weit sichtbar mit der weißen Unterseite. Der Hase hingegen hält seinen Schwanz auf der Flucht ruhig. Er drückt ihn abwärts, vielleicht aus der instinktiven Furcht, dass die weiße Unterseite ihn verraten könnte, wenn er von einem Fuchs oder Hund gejagt und über das freie Feld verfolgt wird.

320
Kompasspflanze

Im Sommer kann dir der Stachellattich einen Kompass ersetzen, wenn du diese Pflanze mit den hellgelben Korbblüten an sonnigen, trockenen Stellen am Wegrand nicht übersiehst. Seine blaugrünen bis rötlichen Blätter sind am Stängel so gedreht, dass die Blattspitzen jeweils nach Norden und Süden weisen. Außerdem haben sich die Blätter hochkant gestellt, sodass die Blattflächen nach Osten und Westen gerichtet sind.
Durch diese Blattstellung schützt sich der Stachellattich vor allzu starker Wasserverdunstung, wenn er aus dem trockenen Boden nur wenig Wasser bekommt. Die Sonne kann nur morgens und abends die Blattflächen voll treffen, zur Mittagszeit aber, wenn sie besonders heiß ist, erfasst sie nur die Blattkanten. Ihr Schatten ist dann entsprechend schmal.

321
Bienen mit Hörnern

 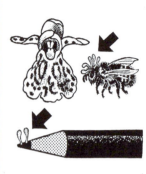

Auf einer Blumenwiese kann man im Juni mitunter Bienen sehen, die am Kopf kleine, hörnerartige Gebilde tragen. Es sind mit Blütenstaub gefüllte Kölbchen, die aus den Blüten des Knabenkrautes stammen.
Kriecht eine Biene in eine Blüte dieser einheimischen Orchideen, bleiben zwei klebrige Kölbchen an ihrem Kopf haften. Mit ihnen fliegt sie zur nächsten Blüte und bestäubt sie mit dem Blütenstaub; dabei setzen sich neue Kölbchen fest. Steckt man eine stumpfe Bleistiftspitze vorsichtig in eine Blüte des Knabenkrautes, kann man die beiden festgeklebten Gebilde herausziehen. Alle Knabenkräuter stehen unter Naturschutz.

322
Gelenktes Wachstum

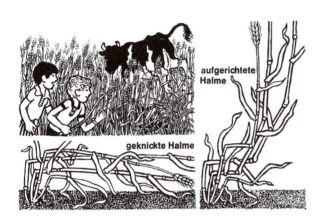

Eine Kuh ist querfeldein in ein Roggenfeld gelaufen. Einer der beiden Jungen behauptet, dass sich die geknickten Halme wieder von selbst aufrichten. Stimmt das?
Unsere Getreidearten zählen zur Familie der Gräser. Ihre Halme wachsen jeweils über den Knoten in den so genannten Vegetationszonen, den weichen, hellen Stellen des Stängels, die von röhrenförmigen Blattscheiden umhüllt und gestützt werden. Knickt man einen Halm, solange er noch grün ist, wird das Wachstum an dem betreffenden Knoten über der Knickstelle durch das Sonnenlicht abgelenkt. Die Blattscheide beginnt an der dem Licht abgewandten Seite stärker zu wachsen und biegt den Halm empor, bis die Ähre nach wenigen Tagen wieder aufrecht in Luft und Sonne steht.

323
Haus aus Schaum

Auf allerlei Wiesenpflanzen, aber besonders häufig auf der Kuckuckslichtnelke und dem Wiesenschaumkraut, findet man weiße Schaumklümpchen. Untersucht man den „Kuckucksspeichel", entdeckt man darin – vor Raubinsekten, Vögeln und Sonne geschützt – eine kleine Larve (A). Sie hat kopfüber sitzend den Pflanzenstängel angezapft, mischt den Saft mit eigenen Ausscheidungen zu einer seifenartigen Lösung und bringt diese durch Lufteinblasen zum Schäumen.
Setzt du die Larve auf eine andere Kuckuckslichtnelke, baut sie ein neues Schaumhaus.
Aus der Larve schlüpft ein heuschreckenähnliches Tier, die Schaumzikade (B).

324
Insektenjäger

Wenn die Rehe an schwülen Sommertagen im hohen Gras der Wiesen und im Getreide Äsung und Schutz suchen, werden sie besonders stark von Mücken, Dasselfliegen, Rinderbremsen und anderen Quälgeistern geplagt. Man sieht ganze Schwärme über ihnen schwirren.

Dem Rotwild kommen die Haubenmeisen aus dem Wald zu Hilfe. Die kleinen Vögel mit dem Federschopf turnen auf dem Körper der Rehe herum und suchen ihn nach den Schmarotzern ab, ähnlich wie die afrikanischen Madenhacker auf dem Rücken der Krokodile. Sie übersehen auch nicht die Zecken, das sind Blut saugende Milben, die sich in die Haut der Tiere gebohrt haben – Nahrung für die Jungvögel im Wald.

325
Farbwechsel des Hermelins

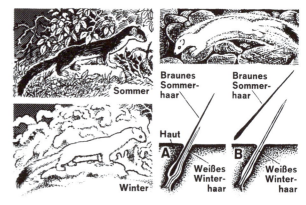

Blitzschnell, für das menschliche Auge kaum zu verfolgen, huscht das große Wiesel (Hermelin) über den Steinhaufen. Wenn im Winter kein Schnee liegt, fühlt sich das Tier vor Feinden äußerst unsicher, denn sein Winterfell ist bis auf die schwarze Schwanzspitze rein weiß. Das Sommerfell des Hermelins ist dagegen braun gefärbt. Wie erklärt sich der Farbwechsel, der im Spätherbst innerhalb weniger Tage erfolgt?
Neben den alten braunen Haaren des Tieres wachsen ihm neue weiße Haare (A). Erst wenn diese ziemlich lang geworden sind, fallen die braunen Haare rasch nacheinander aus (B).

326
Labyrinth im Schnee

Waldohreule

Wenn das Land tief verschneit ist, sind die Waldohreulen in besonderer Not. Sie sehen sich vergebens nach Feld- und Wühlmäusen um, die fast ausschließlich ihre Nahrung darstellen. Sie kommen am Abend vom Wald auf die Felder geflogen und bewegen im Flug ihre Gesichtsfedern, die ihnen als Schallfänger dienen.
Die Mäuse sind jetzt aber weder zu hören noch zu sehen. In ihrem unterirdischen Labyrinth von weit verzweigten Schneegängen sind sie vor den Eulen sicher, wenn sie zu ihren Nestern und Artgenossen unterwegs sind. Aber die Not der Eulen endet mit dem Beginn des Tauwetters, wenn das Schmelzwasser die unterirdischen Gänge füllt und die kleinen Nager in Scharen aus den Erdhöhlen heraustreibt.

327
Fluggeräusche der Vögel

Beim Flug der Vögel entstehen durch die Reibung der Luft am Gefieder und der einzelnen Federn untereinander unverkennbare Geräusche. Stockenten ziehen mit klingendem Schwingenschlag über den Himmel. Ihre langen Schwungfedern haben einen scharfen Rand. Sie durchschneiden damit die Luft und versetzen sie dabei in hörbare Schwingungen.
Die Schleiereule dagegen fliegt vollkommen geräuschlos auf ihrer nächtlichen Mäusejagd. Ihre Schwungfedern haben einen fein gezähnten Rand und durchkämmen sanft die Luft. Das Horn, aus dem ihr Gefieder besteht, ist besonders dünn und elastisch.

328
Kiebitze im Frühling

Wenn man im April über feuchte Wiesen wandert, wird man von den Kiebitzen empfangen. „Kiewitt-kiewitt" ertönt der Ruf der auffällig schwarz-weiß gefiederten Vögel mit dem Federschopf; übermütig und sich wild überschlagend taumeln sie durch die Luft.
Wenn ein Kiebitz sein Nest in Gefahr sieht, versucht er, die Aufmerksamkeit auf sich zu lenken. Er stellt sich flügellahm und humpelt scheinbar verletzt durch das Gras, um so einen Fremdling vom Nest fortzulocken. Die Eier – es sind fast immer vier – liegen nur auf einigen trockenen Halmen völlig ungeschützt auf der Wiese, allein durch ihre olivgrüne Farbe und die schwarzen Punkte getarnt. Selbstverständlich lassen wir das Gelege unberührt.

329
Verhasster Waldkauz

Ein lautes Spektakel der Singvögel in einem Baum verrät, dass sie dort einen Waldkauz beim Sonnenbaden entdeckt haben. Mehr als andere Eulen ist er verhasst, weil er nachts auch schlafende Kleinvögel erbeutet.
Auf das Zetern reagiert der Kauz mit scheinbarem Grimassenschneiden: Er spreizt seine Gesichtsfedern, die ihm als Ohrmuscheln dienen, und da seine Pupillen starr sind, dreht er den Kopf ruckartig von einer Seite zur anderen. Sucht er schließlich das Weite, verfolgen ihn lärmende Vogelscharen. Im Sturzflug greifen ihn die Krähen an und hacken nach ihm, dass die Federn nur so fliegen.

330
Spitzmaus-Karawane

Wenn man eine Spitzmaus mit ihren Jungen im Gras überrascht, kann man bei den Tieren ein merkwürdiges Verhalten beobachten. Da sie sich in Gefahr glauben, beißt sich eins der Jungen am Hinterkörper des Muttertiers fest und die übrigen ketten sich in gleicher Weise aneinander. Wie eine Karawane bringt sich die Spitzmausfamilie so in Sicherheit. Eine Spitzmaus verzehrt täglich so viele Insekten, Würmer, Schnecken und anderes Getier, wie ihr eigenes Körpergewicht ausmacht. Der zusätzliche Nahrungsbedarf ihrer Jungen zwingt sie, Tag und Nacht mit ihnen auf Jagd zu gehen.

331
Käse für den Sonnentau

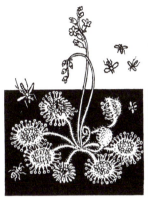 

Mit glitzernden, süß duftenden Tröpfchen an den roten Härchen seiner Blätter lockt der Sonnentau im Moor kleine Insekten an. Sobald sich eine kleine Fliege auf den vermeintlichen Honig setzt, ist sie gefangen. Härchen und Blatt umgreifen das Insekt und ein ätzender Saft verdaut es allmählich. Man kann den Sonnentau auch mit Fleisch, Käse oder Ei füttern. Legt man winzige Krümel davon auf ein Blatt, sind sie nach ein bis zwei Tagen „aufgegessen". Die Pflanze nimmt sich aus dem tierischen Eiweiß Aufbaustoffe, die ihr der nährstoffarme Moorboden nicht gibt. Auf Brotkrümel reagiert sie allerdings nicht. Der Sonnentau steht unter Naturschutz.

In Hecke und Wald

332
Warnsystem der Tiere

Mit ganz unterschiedlichen Warn- und Schrecklauten melden die Tiere einander, dass ein Räuber in der Nähe ist, etwa eine Katze, ein Fuchs, ein Marder oder Iltis.
Meist empfangen ihn die Meisen mit ihrem Gezeter zuerst (1). Die Grünfinken kommen hinzu und rufen eindringlich „üiii-üiii" (2), die Amseln warnen mit „Gick-gick-gick" (3). Hat der Eichelhäher die Gefahr erkannt, lässt er sein weit hörbares „Rätsch" vernehmen (4). Das Kaninchen trommelt mit den Hinterläufen auf den Boden, worauf seine Jungen in die Röhren flüchten (5). Das Reh schreckt mit einem heiseren, durchdringenden Bellen (6).

333
Sprache der Amseln

Gesang — Geschwätz — Warnlaut — Angstruf

Die unterschiedlichen Laute der Amseln verraten, was sich Vögel einander mitzuteilen haben.

Mit einem melodischen Flöten in 150 verschiedenen Strophen wirbt das Männchen um das Weibchen und grenzt gleichzeitig sein Brutrevier ab (A). Durch das behagliche „Duckduck" halten die Vögel Kontakt miteinander, wenn sie am Boden auf Nahrungssuche sind (B). „Tschink-tschink-tschink" und später ein scharfes „Gick-gick" sind Warnrufe (C). Ein lautes, durchdringendes „Tsih" bedeutet für alle Vögel Alarm (D). Die Amsel hat dann meist einen anfliegenden Greifvogel, etwa einen Sperber oder Falken, erkannt und sitzt völlig regungslos in Deckung.

334
Signale im Wald

Ein laut scharrendes „Arr" lässt uns im Frühlingswald zusammenzucken. Ein Buntspecht trommelt: Durch sehr rasch aufeinander folgende Schnabelhiebe versetzt er einen dürren Ast in Schwingungen. Je lauter das Signal, desto mehr imponiert er seinem Weibchen und desto weiter dehnt er sein Revier aus. Für seine Artgenossen bedeutet das Trommeln nämlich, dass dieses Revier bereits besetzt ist und sie darin nichts zu suchen haben.

Genau das Gleiche bezweckt der Buchfink mit seinem Gesang. Er grenzt sein Revier ab, um in ihm später genügend Nahrung für die Aufzucht der Jungen zu finden.

335
Vermauerte Spechthöhle

Das Schlupfloch einer Spechthöhle in einem Baumstamm findet man manchmal bis auf eine kleine, runde Öffnung fest mit Lehm vermauert. Das ist das Werk des Kleibers, der sich in der verlassenen Höhle eingenistet hat.
Um vor größeren Vögeln und Feinden sicher zu sein, hat der kleine Vogel das Schlupfloch mit Lehmklümpchen so weit zugemauert, dass er gerade noch durchschlüpfen kann. Auf der Suche nach Insekten sieht man den Kleiber kopfabwärts um den Baumstamm laufen. In den Ritzen der Borke findet man Körner und Nüsse, die er als Futtervorrat eingeklemmt und teilweise schon aufgemeißelt hat.

336
Lockruf in der Nacht

Hauptsächlich in seiner Balzzeit im Februar lässt der Waldkauz sein unheimliches, klagendes „Hu-hu-hu" durch die Nacht ertönen. Diesen Ruf kannst du täuschend ähnlich nachahmen: Man faltet beide Hände, sodass die Daumen parallel liegen und die Handflächen einen ringsherum abgeschlossenen Hohlraum bilden. Nun setzt man die Lippen auf die Daumengelenke und bläst leicht durch den schmalen Spalt (Pfeil).
Vielleicht antwortet der Kauz und kommt herbeigeflogen. Im Licht der Taschenlampe, vor dem der Vogel wenig Scheu zeigt, lässt er sich betrachten.

337
Nahrungsreste der Eulen

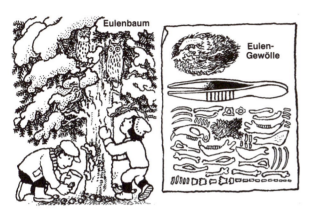

Manchmal steht man am Rand des Waldes oder in einem Park vor einem „Eulenbaum"; darunter liegende kleine Ballen, das Gewölle einer Eule, kennzeichnen ihn.
Man kann in dem Baum vielleicht einen Waldkauz oder eine Waldohreule entdecken. Nach der nächtlichen Jagd sucht die Eule meist denselben Baum auf und verschläft in ihm, dicht am Stamm hockend, den Tag. Das Gewölle besteht aus den unverdauten Nahrungsresten, die Eulen – wie auch Greifvögel – auswürgen. Untersucht man die Ballen mit einer Pinzette, entdeckt man darin Knochen von Mäusen und kleinen Vögeln, Federn, Haare und Fellreste.

338
Schlafstellung der Vögel

Wie die meisten Vögel, so übernachten auch die Wintergoldhähnchen, unsere kleinsten Vögel, in den Bäumen. Sie schlafen zu mehreren dicht gedrängt und sehen mit ihrem aufgeplusterten Gefieder wie große Wattebälle aus. Warum aber fallen sie trotz starken Windes nicht vom Ast?
Alle Vögel, die Greifzehen haben, halten sich beim Sitzen nicht durch Muskelkraft fest. Sobald ein Vogel aus der Stand- in die Hockstellung geht, spannt sich eine über sein Knie laufende Sehne und zieht die Zehen automatisch zusammen. Lässt du einen Vogel auf deinem Finger sitzen, merkst du seinen Griff in der Hockstellung recht deutlich.

339
Junge Eichen in den Hecken

Eicheln fallen vom Himmel, wenn im Spätsommer die Eichelhäher im „Pendelverkehr" von den Wäldern zu den Dörfern und zurück fliegen. Auf alten Eichen stopfen sie sich den Schlund mit Eicheln voll, die sie als Nahrungsvorrat in die Wälder bringen. Da die Eichelhäher keine ausdauernden Flieger sind, flattern sie meist an Hecken und Büschen entlang, um sich immer wieder auf Bäumen auszuruhen.
Während des Flugs verlieren sie manche Früchte; sie sind die Saat für neue Baumreihen. Die mitgebrachten Eicheln verstecken die Vögel für den Winter im Waldboden (A). Nur selten finden sie alle Eicheln wieder, und so kommt es, dass mitten im Nadelwald einzelne Eichen wachsen (B).

340
Aufgespießte Beute

Wenn man auf den Dornen einer Hecke verschiedene Käfer, Heuschrecken, Mäuse und Frösche aufgespießt findet, braucht man den Täter nicht lange zu suchen. Er sitzt hoch auf einem Busch und hält bereits nach neuer Beute Ausschau.
Es ist der Neuntöter, ein Singvogel mit blaugrauem Kopf und rostbraunem Rücken, der sich mit seinem kräftigen Hakenschnabel eher wie ein Raubvogel verhält. Die erlegten Tiere spießt er auf die Dornen, um sie leichter zerteilen und die harten Insektenpanzer besser entfernen zu können. Einen Teil der Beute spart der Neuntöter für schlechte Fangtage auf, verzehrt sie dann aber meist doch nicht.

341
Ein Naturgesetz

Ein junger Vogel, den man tot auf der Erde findet, muss nicht aus dem Nest gefallen sein. Häufig wird ein Junges auch von den Eltern herausgeworfen, nicht aus Futtermangel, sondern weil es krank oder schon im Nest tot war.
Gesunde Jungvögel sperren beim Nahen der Alten instinktiv ihre Schnäbel weit auf, weil sie trotz eifrigster Fütterung nie satt zu kriegen sind. Bleibt das „Sperren" bei einem der Nestlinge aus, ist das für die Alten ein Zeichen, dass das betreffende Junge nicht mehr lebensfähig oder bereits tot ist. Es wird zum Schutz und zum Wohl der anderen aus dem Nest befördert.

342
Lebenslauf eines Baumes

Die Jahresringe an der Schnittfläche eines abgesägten Baums verraten nicht nur sein Alter, sondern erzählen auch von guten und schlechten Zeiten: Breite Ringe deuten auf Jahre mit viel Sonne und Regen hin, enge Ringe auf Jahre mit schlechten Wachstumsbedingungen. Das helle „Frühholz" eines Jahresringes ist im Frühjahr gewachsen und besteht aus einem weichen, wasserleitenden Gewebe. Es geht in das wegen seiner engen Poren festere und dunklere „Spätholz" über, das im Sommer und Herbst gewachsen ist, bevor der Baum sein Wachstum für die Winterruhe unterbrochen hat.

199

343
Fichte oder Tanne?

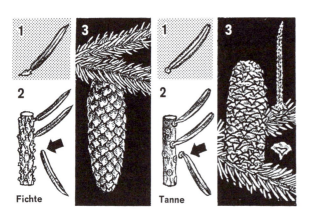

Eine Fichte lässt sich von einer Tanne leicht unterscheiden; es gibt mehrere einfache Unterscheidungsmerkmale dafür:
1. Fichtennadeln sind vierkantig und allseitig grün, Tannennadeln sind breiter und haben zwei helle Längsstreifen an der Unterseite.
2. Kahle Fichtenzweige sind raspelartig rau, da nach dem Abfallen der Nadeln ihre Stielchen am Zweig bleiben. Dagegen fallen die scheibchenförmigen Stiele der Tannennadeln mit ab; kahle Tannenzweige sind deshalb ziemlich glatt.
3. Fichtenzapfen hängen am Zweig herab und fallen unversehrt ab. Tannenzapfen stehen hingegen aufrecht und verlieren einzeln ihre Schuppen, bis nur noch die nackten Spindeln übrig bleiben.

344
Leben im hohlen Baum

Obwohl der Stamm einer Weide oft bis auf eine dünne Hülle ausgefault ist, trägt sie noch grüne Blätter. An einem Zweig verwelken die Blätter auch dann nicht, wenn man von ihm, ohne ins Holz zu schneiden, einen Rindenring ablöst (Pfeil).

Man ersieht daraus, dass das von den Wurzeln eines Baums aufgenommene Wasser mit den Nährstoffen weder durch seine inneren Holzschichten noch durch seine Rinde zu den Blättern geleitet wird. Allein in der äußersten Holzschicht, in den jüngsten Jahresringen, verlaufen die feinen Leitungsbahnen, in denen der Saft von den Wurzeln emporsteigt und von den Blättern wieder herabgeleitet wird.

345
Kreislauf der Nährstoffe

Untersucht man die Laubdecke des Buchenwaldes, kann man drei Schichten deutlich unterscheiden.
1. Obenauf, mit Fraßspuren von Insekten, die im Herbst abgefallenen Blätter.
2. Darunter (ein Jahr älter) teilweise verrottetes Laub, in dem Insektenlarven und Insektenpuppen überwintern.
3. Noch tiefer (ein weiteres Jahr älter) eine krümelige Schicht von Blättern, die durch Bakterien und Pilze weitgehend „mineralisiert", das heißt in ihre Grundstoffe zerlegt sind. Diese werden von den Haarwurzeln der Bäume, die die Schicht durchziehen, als Nährstoffe wieder aufgenommen und zum Aufbau verwendet.

346
Würgende Ranken

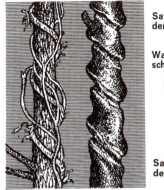
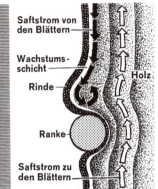

Korkenzieherartig gedreht erscheint der Stamm eines jungen Baums, an dem sich Ranken des Waldgeißblatts emporwinden. Wie erklären sich die deutlichen Verdickungen des Stamms direkt über den Ranken, die sich in die Rinde eingeschnitten haben?

Da die verholzten Ranken beim Dickerwerden des Stammes nicht nachgeben, drosseln sie den Saftstrom, der unmittelbar unter der Rinde von oben nach unten verläuft und die von den Blättern produzierten Aufbaustoffe des Baums befördert. Diese stauen sich folglich über den Einschnürungen und begünstigen hier das Zellwachstum des Holzes und der Rinde. Hingegen wird der Wassertransport von unten nach oben durch die Ranken kaum eingeengt.

347
Schwerpunkt der Bäume

Eine frei stehende Fichte hält dem Sturm besser stand als eine im Hochwald gewachsene. Die Erklärung: Bekommt ein frei stehender, gesunder Baum das für sein Wachstum nötige Sonnenlicht von allen Seiten, entwickeln sich Stamm, Äste und Nadeln gleichermaßen gut. Dagegen erreicht das Licht in einer Schonung oder im Hochwald den Baum nur von oben. Es fördert damit sein Längenwachstum und der Stamm wird schlank und zerbrechlich.

Da seine unteren Äste wegen Lichtmangels absterben, liegt sein Schwerpunkt (S) im Vergleich zu einem frei stehenden Baum wesentlich höher; sein Stand auf den flach unter der Erdoberfläche ausgebreiteten Wurzeln ist fast so schlecht wie der eines auf den Kopf gestellten Stehaufmännchens.

348
Ursache des Laubfalls

An einem während des Sommers geknickten Zweig eines Baumes vertrocknen allmählich die Blätter. Eigenartigerweise hängen sie aber noch an dem Zweig, wenn der Baum im Herbst längst sein übriges Laub verloren hat. Welche Erklärung gibt es dafür?

Gewöhnlich wird der Laubfall durch eine dünne Korkschicht ausgelöst, die sich am Blattstielansatz zwischen zwei Zellschichten bildet und auf diese Weise die Saftbahnen schließt. Bei dem geknickten Zweig fehlen diese Korkzellen. Die nach wie vor durch den Blattstielansatz führenden Saftbahnen sind nur eingetrocknet, nicht aber unterbrochen. Der herbstliche Laubfall ist also als Teil des Wachstums zu verstehen.

349
Säbelwuchs der Bäume

Wie kommt es, dass manche Bäume an steilen Hängen oft säbelartig krumm gewachsen sind? Die Form der Stämme verrät, dass hier eine unmerkliche Bodenbewegung im Gange ist. Die obere Erdschicht rutscht – durch Niederschläge und Unterspülung begünstigt – langsam talwärts und kippt ganz allmählich die jungen Bäume. Da aber jede Pflanze bestrebt ist, senkrecht emporzuwachsen, biegt sich der Stamm nahe der Erdoberfläche immer wieder nach oben. Die Wurzel wendet sich entsprechend senkrecht ins Erdreich. Erst wenn der Baum eine gewisse Größe erreicht hat, kann er der Bodenbewegung widerstehen.

350
Schneetrichter

Wenn es im Winter zu meterhohen Schneeverwehungen kommt, bleiben diese rund um Baumstämme herum oft trichterförmig ausgehöhlt. In diesen Mulden, die bis zum Erdboden herabreichen, finden Vögel Schutz und Nahrung. Wie bilden sich diese Trichter im Pulverschnee?
Die Strömung der Luft (hier durch Stromlinien dargestellt) wird durch einen Baumstamm von ihrem parallelen Verlauf abgelenkt. Im Bogen ist der Weg der Luft länger und so wird ihre Strömungsgeschwindigkeit größer. Nach einem physikalischen Gesetz vermindert sich der Druck eines Gases bei zunehmender Geschwindigkeit. Im Luftstrom um den Stamm herum entsteht ein Unterdruck und der Sog zieht den Schnee fort.

351
Lebensgemeinschaft

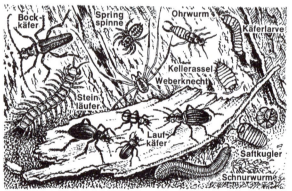

Ein morscher Baumstumpf ist Wohnung, Schutz und Nahrungsquelle für viele Käfer- und Spinnenarten, für Asseln, Tausendfüßer und ihre Brut. Pilze und Bakterien lösen das Holz auf und es bilden sich feine Luftröhrchen, die Feuchtigkeit halten.

352
Abflug eines Maikäfers

Wie sich ein Maikäfer mit seinem gewölbten Vorderrücken aus deiner geschlossenen Hand zwängt, so ist er auch im Mai aus dem Erdboden herausgekrochen, wo er 3,5 bis 4 Jahre lang als Engerling und Puppe gelebt hat. Auf der Hand beginnt er Luft in die Tracheen – das sind die feinen Atemröhrchen, die seinen Körper durchziehen – zu pumpen. Aufgeblasen wie ein Luftballon fliegt er los und nimmt gleich Kurs auf hohe Bäume, die er auf eine Entfernung bis zu 3 km sehen kann. Als Fraßbäume sucht er sich mit Vorliebe Eichen aus, brummend umkreist er sie und beschnuppert das Laub mit den Geruchsorganen, die in seinen geblätterten Fühlern stecken. An diesen kann man übrigens die Geschlechter unterscheiden: Das Männchen trägt sieben Blättchen, das Weibchen nur sechs.

353
Jäger im Gras

In der Frühjahrssonne sieht man auf trockenem Laub und Reisig Wolfsspinnen bei der Insektenjagd. Sie bauen keine Fangnetze, sondern laufen und hüpfen hastig umher und sitzen auf erwärmten Steinen auf der Lauer.
Die Weibchen nehmen auf die Jagd ihren Eierkokon mit, eine weiße, erbsengroße Kugel, die sie um die Eier gesponnen haben. Wird einer Spinne das Eierpaket von einer Rivalin geraubt, kommt es zum Kampf. Ebenso verteidigt sie später die jungen Spinnen. Sie trägt sie alle auf ihrem Rücken mit und füttert sie unterwegs.

354
Fanggruben im Sand

Vielleicht hast du im lockeren, feinen Sand am Rand eines Kiefernwaldes schon einmal seltsame kleine Trichter gesehen. Jeder Trichter ist die Fanggrube eines Ameisenlöwen, der in ihrem Grund vergraben auf Beute lauert. Nähert sich eine Ameise dem Trichterrand, beschießt der Ameisenlöwe sie mit Sandkörnchen, bis sie ihren Halt verliert, in die Tiefe rutscht und in die Fresszangen des Ameisenlöwen gerät.
In einem Eimer mit trockenem, feinem Sand kannst du die Entwicklung eines Ameisenlöwen zu Hause weiterverfolgen. Er ist die Larve eines libellenähnlichen Insekts, der Ameisenjungfer (A).

355
Gallen auf Eichenblättern

Auf Eichenblättern findet man oft kugelige Gebilde. Das sind Galläpfel, die Brutkammern einer bestimmten Gallwespenart. Sie legt ihre Eier ins Blattgewebe und dieses wuchert – durch Reizstoffe angeregt – kugelig um jedes Ei herum.
Schneidet man eine grüne Galle auf, findet man darin eine kleine weiße Larve (A). Diese ernährt sich von dem saftigen Innengewebe des Blattes und verpuppt sich im Herbst. Bewahrt man eine inzwischen verholzte Galle in einem Glas draußen regengeschützt auf, kann man im Winter das Ausschlüpfen einer schwarz glänzenden Gallwespe beobachten. Achte auch auf andere Gallenarten auf Eichenblättern, wie zum Beispiel die „Linsengallen" und die „Seidenknöpfe".

356
Weg eines Insekts

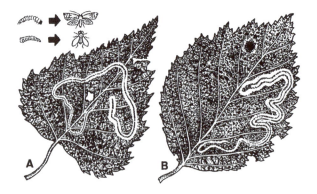

Laubblätter zeigen oft lichtdurchlässige, geschlängelte Gänge, so genannte „Gangminen". Sie stammen von den Larven kleiner Insekten, die die blattgrünhaltigen inneren Zellen herausgefressen, die obere und untere Außenhaut des Blattes aber verschont haben. Eine dunkle Linie in der Mine hinterlässt die Larve einer Miniermotte (A), zwei dunkle Streifen hingegen die Larve einer Minierfliege (B). Am dünnen Anfang einer Mine ist die Larve aus einem Ei geschlüpft. Am breiten Ende des Ganges findet man häufig noch die inzwischen gewachsene Larve oder bereits die Puppe des Insekts.

357
Leuchtzeichen im Juni

Wie tausend Sterne funkelt es an lauen Juniabenden im Gras feuchter Wiesen und Wälder. Die Weibchen des Leuchtkäfers (A) wenden die leuchtende Unterseite ihres Hinterleibes nach oben und schwenken ihn wie eine Laterne. Die schwächer leuchtenden Männchen (B) erkennen das Leuchtmuster (C) und fliegen herbei.
Die Leuchtorgane der Käfer enthalten zwei Chemikalien, Luziferin und Luziferase. Luziferin leuchtet auf, wenn es sich mit Luziferase verbindet: Es entsteht kaltes Licht ohne Wärmestrahlen. Erhascht man ein Tierchen, schaltet es augenblicklich sein Licht ab.

358
Glitzernde Spur

Der Schleim, mit dem sich eine Weinbergschnecke ihren Weg über Stock und Stein ebnet, trocknet in der Sonne und glitzert wie feines Cellophan. Aus den Absonderungen besteht auch das zarte Häutchen, mit dem die Schnecke ihr Haus verschließt, um in ihm vor Trockenheit geschützt zu sein.
Der Schleim dient ihr aber auch zur Verteidigung: Kreuzt die Schnecke eine Ameisenstraße, wird sie von den Ameisen angegriffen. Vergebens! Durch ihr Atemloch presst sie Luft aus ihrer Lunge und bläst den zähen Schleim zu einem undurchdringlichen Wall von Bläschen auf, in dessen Schutz sie sich zurückzieht.

359
Reizbarer Sauerklee

Höchst merkwürdig verhält sich der Sauerklee, der schon im Frühling im Laubwald saftig grüne Teppiche bildet. Fährst du mit der Hand durch die gespreizten Blättchen, beginnen sie sich langsam zusammenzufalten.

Tatsächlich reagiert der Sauerklee ähnlich wie eine Mimose auf Berührungsreize: Auf eine noch nicht vollständig geklärte Weise vermindert sich der Druck der Zellen an den Blattansätzen und wie in Scharnieren senken sich hier die Blättchen. Aber auch auf Dunkelheit und übermäßige Sonnenbestrahlung reagiert der Sauerklee, indem er seine Blätter zusammenlegt.

360
Explodierende Früchte

„Rühr-mich-nicht-an" nennt der Volksmund das Springkraut, das mit seinen gelben, trompetenähnlichen Blüten in schattigem Gebüsch zu finden ist. Später im Jahr trägt die Pflanze Früchte, die winzigen Gurken ähnlich sehen. Berührst du die kleinen Schoten, „explodieren" sie plötzlich zwischen deinen Fingern.

Wie Uhrfedern rollen sich ihre fünf Klappen blitzartig zusammen und schleudern die schweren Samenkörner in hohem Bogen fort. Bei der reifen Schote haben sich ihre fünf Längsnähte gelockert und die zwischen der äußeren und inneren Schicht der Schotenklappen herrschende Spannung kann sich entladen.

361
Zeichen für reine Luft

Wie verzaubert sehen manche Wälder in den Bergen oder im Küstengebiet aus. Über und über sind die Bäume mit zottigen silbergrauen Flechten bewachsen. Betrachtest du Flechten aus der Nähe, wird ihre fantastische Formenvielfalt deutlich.

Flechten bestehen aus Schlauchpilzen und Algen, die sich gegenseitig Nährstoffe abgeben. Da sie diese allein aus der Luft und dem Regenwasser nehmen, sind sie höchst anfällig gegen Giftstoffe aus der Luft. In Städten kommen daher Flechten überhaupt nicht vor. Je üppiger also ihr Wuchs an einem Ort, desto reiner ist dort die Luft.

362
Vom Alter der Flechten

Markiert man die Größe einer Flechte, erkennt man, um wie viel ihr Durchmesser in einem Jahr zunimmt. Bei den gelben oder grünlichen, oft kreisrunden Laubflechten, die auf Baumrinde, Brettern und Steinen wachsen (A), beträgt der Zuwachs jährlich etwa 1 cm. Das Alter einer Flechte lässt sich also mit dem Metermaß feststellen.

Landkartenflechten, die im Gebirge auf Felsen grüne Krusten bilden (B), vergrößern ihren Durchmesser nur um 1 mm jährlich. In den Alpen siedeln sie sich da, wo Gletscher abschmelzen, zuerst an. Ihre Größe verrät, seit wann die Gletscher weg sind.

363
Pilze in Kreisen

Nicht selten sieht man Pilze im Wald und auf der Wiese in „Hexenringen" stehen. Früher hielt man solche Pilzkreise für Hexentanzplätze, jedoch erklären sich diese Ringe aus dem besonderen Wachstum des Pilzmyzels im Erdreich.

Wenn eine Pilzspore auskeimt, wächst das Myzel, die eigentliche Pilzpflanze, als spinnwebartiges Geflecht strahlenförmig nach allen Seiten. Im Laufe der Jahre stirbt der ältere Innenteil des Myzels ab, und nur im jüngeren Teil, der als Ring erhalten bleibt und von Jahr zu Jahr weiter nach außen wächst, können sich unter günstigen Wachstumsbedingungen die Fruchtkörper bilden, die man allgemein Pilze nennt.

364
Sporenbild

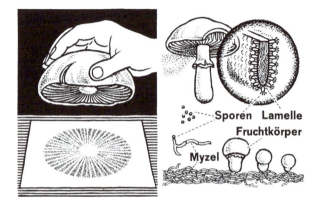

Legt man den Hut eines älteren Lamellen- oder Röhrenpilzes an einem warmen, trockenen Platz auf einen Bogen Papier, zeigt sich auf ihm tags darauf ein aus einem feinen Staub geformtes Sporenbild. Es besteht aus Millionen von mikroskopisch kleinen, einzelligen Sporen, die von den Lamellen bzw. aus den Röhren gefallen sind.

Der Hut ist der Fruchtkörper des Pilzes. Die eigentliche Pilzpflanze ist ein weißes, in der Erde wachsendes Geflecht, das Myzel. Es entwickelt sich aus einer einzigen Spore, die der Wind auf günstigen Boden getragen hat, und bildet nach Jahren neue Fruchtkörper.

365
Rätsel der Zunderschwämme

Am Stamm einer umgestürzten, morschen Buche sind oft mehrere Zunderschwämme zu entdecken. Wie ist es aber zu erklären, dass einige dieser konsolenförmigen Pilze senkrecht, andere waagerecht am Baumstamm sitzen?
Erstere sind noch vor dem Umstürzen des Baumes gewachsen, letztere nach seinem Fall. Wie alle Röhrenpilze hat der Zunderschwamm seine Röhren, in denen sich die Sporen bilden, auf der regengeschützten Unterseite. Er ist ein Schmarotzer: Sein Myzel, ein Geflecht von Pilzfäden, dringt durch die Rinde in das Innere des Baumes ein, raubt ihm seine Nährstoffe, unterbricht langsam seine Saftzufuhr und vermehrt sich weiter in dem toten Holz.

366
Lebensgemeinschaft im Wald

Scharrt man unter einer Kiefer, wo Butterpilze stehen, vorsichtig die Erde auf, sieht man, dass das weiße Pilzmyzel die feinen Haarwurzeln der Kiefer mit einem filzigen Gespinst überzogen hat. Baum und Pilz leben zusammen zum gegenseitigen Nutzen.
Eine solche Lebensgemeinschaft nennt man Symbiose. Die feinen Zellfäden des Pilzmyzels sind zwischen die äußersten Zellschichten der Kiefernwurzeln gedrungen und leiten ihnen Wasser und Nährsalze zu. Auf demselben Weg gibt umgekehrt der Baum dem Pilz etwas von den Aufbaustoffen ab, die er in den Blättern produziert hat.

367
Farbtest

Pflücke im Wald eine Glockenblume ab und halte sie einmal kurz auf einen belebten Ameisenhügel. Die Ameisen besprühen die Blüte mit einer scharf riechenden Flüssigkeit aus ihrem Hinterleib, und wo die Tröpfchen die Blüte treffen, färbt sie sich rot.
Violette Pflanzenfarbstoffe dienen in der Chemie als „Indikator" zum Erkennen von Säuren und Basen: Beim Test verfärben sie sich in sauren Flüssigkeiten rot, in basischen blau. Die roten Flecken der violetten Blüte zeigen also eine Säure an. Es ist die Ameisensäure, die den Insekten zur Abwehr von Feinden und zum Abtöten ihrer Beute dient.

368
Fernstraßen der Ameisen

Die Ameisenstraßen, die vom Bau aus in alle Richtungen tief in den Wald führen, sind durch speziellen Duft des Volkes, das darin lebt, markiert. Mit den Geruchsorganen in ihren herabgebogenen Fühlern nehmen die Ameisen den Duft wahr und wissen so, dass sie auf ihrer eigenen Straße sind. Fährt man mit der Hand über eine Straße, werden die Ameisen durch den fremden Geruch irritiert.
Auf ihren Straßen transportieren sie, oft von weit her – selbst aus den Baumkronen – Tannennadeln, Holzstückchen, Raupen, Schmetterlinge, Pflanzensamen und sogar Käfer, die das 100fache ihres eigenen Gewichts haben.

369
Bad im Wald

Im Bau der Roten Waldameisen herrscht helle Aufregung, wenn sich ein Eichelhäher plötzlich auf den Hügel setzt und mit ausgebreiteten Flügeln und aufgeplustertem Gefieder inmitten der Ameisen „badet".
Die Insekten krabbeln zu hunderten über ihn und besprühen ihn aus ihrem Hinterleib mit Ameisensäure, einer scharf riechenden Flüssigkeit, mit der sie sonst Feinde vertreiben und kleine Beutetiere töten. Die Eichelhäher haben offenbar gelernt, dass Ameisensäure ein natürliches Spray ist, das sie von lästigen Milben und Läusen befreit.

370
Pilzsammlung der Eichhörnchen

Wer im Herbst aufmerksam durch den Wald geht, kann mitunter allerlei Pilze auf den Ästen der Bäume und in Rindenritzen entdecken, so als habe sie jemand in der Herbstsonne zum Trocknen ausgebreitet.
Tatsächlich legt sich das Eichhörnchen einen Pilzvorrat für die kalte Jahreszeit an. Es sammelt beispielsweise Butterpilze, Steinpilze, Birkenpilze, Hallimasch und Pfifferlinge. Da manche giftigen Pilze einen ähnlich nussartigen Geschmack wie die essbaren Pilze haben, ist es ein Rätsel, wie das Eichhörnchen die Arten unterscheiden kann.

371
Löcher in Haselnussschalen

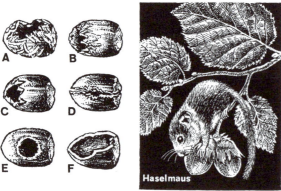

Haselnusssträucher locken im Herbst allerlei Tiere an, und die verschiedenartigen Nagespuren an den Nussschalen verraten, wer die begehrten Kerne verspeist hat.
Junge, noch unbeholfene Eichhörnchen benagen die Schale von allen Seiten, bis sie aufbricht (A). Ältere, erfahrene Eichhörnchen knabbern nur die Spitze ab, weil da die Schale am dünnsten ist (B), oder sie sprengen sie hier mit der Hebelkraft ihrer Zähne (C). Oft nagen Eichhörnchen eine Rille um die Nuss und knacken sie dann (D). Kreisrunde Löcher mit den Spuren feiner Zähnchen am Rand stammen von Wald-, Rötel- oder Haselmäusen (E). Der Specht meißelt mit seinem Schnabel Nüsse auf, die er zuvor zum besseren Halt in Baumritzen steckt (F).

372
Erkennungszeichen in der Rinde

Wer war hier der Täter? Nicht nur bei Futtermangel benagen die Tiere des Waldes die Rinde der Bäume und hinterlassen Nage- und Schälspuren an Stämmen, Ästen und Zweigen. Der Rothirsch reißt besonders von Fichte, Esche und Buche lange Rindenstreifen ab (A), während der Damhirsch die Rinde mehr abknabbert (B). Auch der Hase reißt sich Fetzen von zarter grüner Rinde ab (C). Das Wildkaninchen hingegen benagt sie bis ins junge Holz; die Spuren seiner oberen Schneidezähne sind deutlicher als die der unteren Zähne (D). Das Eichhörnchen schält die Rinde spiralförmig (E), Garten- und Siebenschläfer hinterlassen kleine Kerben (F).

373
Heimliche Höhlenbewohner

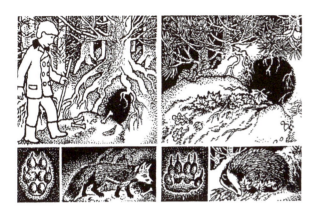

Fuchs- oder Dachsbau? Nicht immer beantworten allein die Tierspuren diese Frage. Der Eingang zum Fuchsbau ist meist oval, ihn kennzeichnen auch Knochenreste, Federn und Aasgeruch.
Der Dachs hingegen hält seine kreisrunde, oft hinter Brennnesseln versteckte „Einfahrt" sauber, sein Erdauswurf ist meist größer. Im Herbst erkennt man Schleifspuren von Gras und Laub, das er zwischen Vorder- und Hinterpranken haltend rückwärts in den Bau geschoben hat. Im Winter sieht man seine Spuren selten, denn dann hält er in seinem Bau Winterruhe und zehrt vom angefressenen Fett.

374
Bad der Wildschweine

Auffallend viele Wildschweinfährten führen zu einer lehmigen Wasserpfütze im Wald, einer Wildschweinsuhle. Hier baden die „Schwarzkittel" regelmäßig in der Dämmerung oder auf ihren nächtlichen, bis zu 40 km weiten Wanderungen.
Sie suhlen sich, um aus ihrer Schwarte das Ungeziefer loszuwerden, das mit dem getrockneten Lehm und Schlamm abfällt. An den lehmverschmierten „Malbäumen" reiben sich die Tiere nach dem Bad stundenlang die Schwarte. Die Baumrinde ist durchgewetzt, und da, wo sich ein Keiler den Kopf gescheuert hat, haben die Hauer, seine gewaltigen Eckzähne, schräge Kerben hinterlassen.

375
Kleine Gehörnkunde

Alljährlich zu Beginn des Winters verlieren die Rehböcke ihr Gehörn. Wer eine Stange findet, sollte sie zum Förster bringen. Er beurteilt an ihr die Gehörnentwicklung des betreffenden Tieres, die von seinem Alter, seiner Veranlagung und seiner Ernährung abhängt.
Die Zahl der Gehörnenden entspricht also keineswegs der Zahl der Lebensjahre. Etwa im sechsten Jahr ist das Gehörn am stärksten, danach bildet es sich wieder zurück. Im Alter hat der Bock nur noch lange, dolchartige Stangen ohne Vorder- und Hintersprossen. Da so ein „Spießer" besonders rauflustig ist, kann er für seine Artgenossen lebensgefährlich werden.

376
Benagtes Gehörn

Die Trippelspuren von Mäusen im Schnee führen nicht selten zu einem abgeworfenen Rehgehörn oder Hirschgeweih. An diesem entdeckt man vielleicht die Spuren feiner Zähne. Tatsächlich benagen die Mäuse die Stangen, um auf diese Weise ihren Kalkbedarf zum Aufbau von Knochen und Zähnen zu decken.
Für das Verschwinden der alljährlich in großer Zahl abgeworfenen Rehgehörne sorgen auch die Eichhörnchen. Sie verschleppen die Stangen in ihre Kobel und Vorratslager, die sich in hohlen Bäumen befinden. Man kann später beim Holzeinschlag die Gehörne finden; sie sind dann bis auf ihre harten Enden abgenagt.

377
Schnabelspuren an Fichtenzapfen

Ganze Berge von Fichten- und Kiefernzapfen, die meist nur an der Spitze zerhackt sind (A), häufen sich um eine „Spechtschmiede". Das ist eine Spalte in einem Baumstamm oder Baumstumpf, in die der Buntspecht frisch vom Baum gerissene Zapfen wie in einer Schraubzwinge festkeilt, um aus ihnen mit seinem Schnabel die ölhaltigen Samen herauszumeißeln. Fichtenzapfen, deren Schuppen gespalten und zerfasert sind (B), hat der Fichtenkreuzschnabel hinterlassen. Er sitzt kopfüber am Zapfen im Baum, greift mit seinem krummen und gekreuzten Schnabel unter die Schuppen und zerspleißt sie.

378
Benagte Fichtenzapfen

Durch das Geäst der Bäume kommen Schuppen von Fichtenzapfen herabgerieselt. Blickt man empor, entdeckt man irgendwo ein Eichhörnchen, das mit seinen kräftigen Zähnen gerade einen Fichtenzapfen bearbeitet. Der Reihe nach reißt es die Schuppen ab, um an die darunter liegenden Samen zu gelangen. Schließlich lässt es auch die Zapfenspindel fallen. Sie ist nur grob bearbeitet und die Schuppen an der Spitze sind noch dran (A). Fein säuberlich abgenagte Zapfenspindeln dagegen hinterlassen die Wald- und die Rötelmaus (B). Sie klettern bis in die äußerste Spitze hoher Fichten, wo die Zapfen hängen.

An Bach, Teich und See

379
Unterwasserlupe

Eine Guckröhre, mit der du Tiere und Pflanzen unter Wasser ohne Spiegelung und Wellenverzerrung beobachten kannst, ist leicht zu bauen. Nimm einen etwa 20 cm hohen Blumentopf aus Plastik und schneide mit einem Sägemesser in den Boden ein Guckloch. Spanne über die breite Öffnung und die Wand des Topfes dünne, wasserdichte Klarsichtfolie, ziehe sie straff und befestige sie mit Klebeband.
Hältst du die Guckröhre senkrecht ins Wasser, wölbt sich die Folie durch den Wasserdruck leicht nach oben. An der linsenförmigen Oberfläche brechen sich die Lichtstrahlen und vermitteln dir ein vergrößertes Bild von der Welt unter Wasser.

380
Tropfenmikroskop

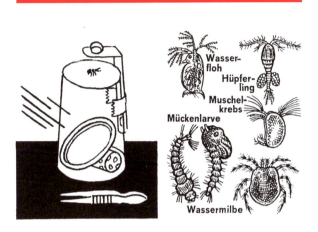

Wasserflöhe und andere winzige Lebewesen kannst du durch ein Tropfenmikroskop in vielfacher Vergrößerung betrachten. Befestige mit Klebefilm einen rechtwinklig gebogenen Blechstreifen von einem Schnellhefter an einem umgestülpten Wasserglas, sodass sich das Loch 1 cm über dem Glasboden befindet. Lege ein kleines Insekt oder Krebstierchen auf das Glas, tupfe einen Wassertropfen in das Loch und komme mit dem Auge ganz nah heran. Die Bildschärfe lässt sich durch Biegen des Bleches regulieren und ein Taschenspiegel erhellt das Bild. Er liegt schräg auf einem Korken und ist durch Verschieben des Glases verstellbar.

381
Schlittschuhläufer

Wie kleine Schlittschuhläufer bevölkern die Wasserläufer die Oberfläche des Gartenteichs. Sie warten auf Insekten, die ins Wasser fallen. Die von einem zappelnden Insekt ausgehenden Schwingungen der Wasseroberfläche nehmen die Wasserläufer mit den Beinen wahr, stellen sich gegen die Wellen, regen durch Hüpfen das Insekt zu weiterem Zappeln an und gleiten dann in Richtung Beute.
Die Wasserläufer unterscheiden die Schwingungen. Bewegt man einen dünnen Zweig im Wasser, reagieren sie nicht. Erzeugt man aber durch Blasen in einen leicht eingetauchten Trinkhalm feine Wellen, werden sie getäuscht, kommen von allen Seiten herbei und stürzen sich auf die vermeintliche Beute.

382
Käfer mit vier Augen

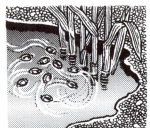

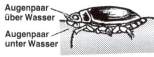

Eine stille, sonnige Bucht am Rand eines Teichs oder Wiesenbachs ist der Tummelplatz der Taumelkäfer. Die nur 5 mm großen, metallisch glänzenden Käfer bewegen sich mit ihren Füßen wie winzige Ruderboote; sie ziehen auf dem Wasser ihre Kreise und Spiralen so flink, dass man ihnen kaum folgen kann. Wie kommt es, dass sie dabei niemals aneinanderstoßen?
In ihren Fühlern haben die Käfer ein radarähnliches Sinnesorgan, mit dem sie Hindernisse und Beutetiere, ins Wasser gefallene Insekten, erkennen. Die Käfer haben vier Augen, ein Augenpaar über, ein weiteres unter Wasser. Werden die Taumelkäfer gestört, tauchen sie schnell unter, nehmen eine Luftblase zur Atmung mit und setzen sich an Wasserpflanzen fest.

383
Wasserjungfern

Wo im Sommer in Teichen und Gräben die Blattrosetten der Krebsschere „schwimmende Wiesen" bilden, finden sich auch die Grünen Mosaikjungfern ein. Das sind große Libellen mit blauen Flecken am Hinterleib. Diese Insekten haben eine rätselhafte Beziehung zur Krebsschere: Die Weibchen legen die Eier ausschließlich auf den gezähnten Blättern dieser Pflanze ab.
Wo aus den Gewässern das Pflanzengeflecht der Krebsschere ausgeräumt wurde, kann sich auch die Grüne Mosaikjungfer nicht vermehren; man sieht hier weder ihre Larven im Wasser noch die jagenden Insekten in der Luft.

384
Geburt einer Libelle

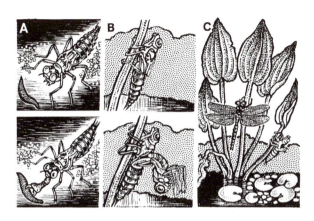

Eine Libellenlarve – im Sommer in einem Teich gefangen – ist ein interessantes Studienobjekt in einem kleinen Aquarium. Eine Besonderheit ist ihre „Fangmaske": Hat die Larve mit ihren großen Augen ein Beutetier erspäht (Wasserasseln, kleine Insekten und Egel), schleicht sie sich heran, klappt blitzschnell den Fangapparat über das Opfer und reißt es zu ihrem Mund (A).
Eines Tages kriecht die Larve an einem ins Aquarium gestellten Schilfstängel empor, ihre Hülle reißt auf und aus ihr windet sich die schillernde Libelle heraus (B). Es dauert noch etwa zwei Stunden, bis ihre Flügel erhärtet sind (C) und sie davonschwirren kann.

385
Mückenhochzeit

In einem sumpfigen Teich entwickeln sich die Stechmücken vom Ei bis zum fertigen Insekt in gut zwei Wochen. An einem Sommertag steigen Millionen Mücken aus dem Wasser und bilden wogende Wolken.

386
Räuber im Teich

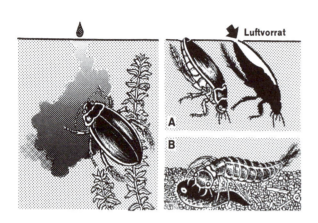

Beim Keschern im Teich findet sich manchmal ein etwa 3 cm großer schwarzer Käfer mit gelbem Rand im Netz, der Gelbrandkäfer. Man hält ihn am besten in einem abgedeckten Aquarium, denn er ist ein guter Flieger. Gefüttert wird er mit allerlei Wassergetier. Tropfst du ein wenig Fleischbrühe, die du mit Tusche gefärbt hast, ins Wasser, zeigt der Käfer seinen räuberischen Instinkt. In der Wolke taumelnd versucht er, ein vermutetes Beutetier zu fassen. Der Gelbrandkäfer kommt regelmäßig an die Wasseroberfläche, um Luft in einen Hohlraum unter seinen Flügeln zu tanken (A). Seine Larve ist ein noch schlimmerer Räuber. Mit ihren Kieferzangen saugt sie Beutetiere aus, sogar Kaulquappen und Fische (B).

387
Haus unter Wasser

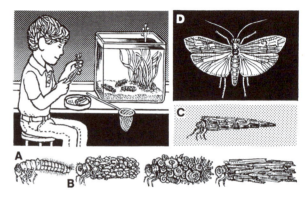

Am Grund von Teichen und Seen bewegen sich 3 cm große röhrenförmige Gebilde. Im Aquarium erkennst du, dass darin Tierchen stecken. Es sind Köcherfliegenlarven (A), die sich aus Steinchen, Holzstückchen und winzigen Schneckenschalen Schutzröhren gebaut haben und sie mit sich herumtragen (B). Eine andere Larve verspinnt zurechtgeschnittene Blattstückchen zu einem tütenförmigen Köcher, mit dem sie wie in einem kleinen U-Boot umherschwimmt (C). Köcherfliegen sind schmetterlingsartige Insekten (D). Nimmst du eine Schutzröhre vorsichtig mit einer Pinzette auseinander, umgibt sich die ungeschützte Larve zuerst mit einem feinen Gespinst und heftet daran – meist im Schutz der Nacht – die speziellen Baustoffe.

222

388
Zu Fuß über den Teich

Dass eine Raubspinne auf dem Wasser laufen kann, bewirkt dessen Oberflächenspannung: Die Moleküle des Wassers (hier als Punkte dargestellt) ziehen sich gegenseitig an. Im Inneren der Flüssigkeit sind die Anziehungskräfte ausgewogen, weil sie von allen Seiten auf die Moleküle einwirken. Unmittelbar an der Oberfläche aber werden sie nur nach unten und seitwärts angezogen, da über ihnen Luft ist. Sie verdichten sich zu einer feinen Haut.
Auf ihr kann die Spinne laufen, indem sie die Beine flach auflegt. Will sie unter Wasser kleines Getier und junge Fische jagen, stellt sie sie senkrecht, durchsticht die Haut und taucht.

389
Zug der Hechte

Im Vorfrühling „ziehen" die Hechte: Sie kommen aus den Seen durch Flüsse, durch überschwemmte Wiesen bis in kleinste Entwässerungsgräben, um hier zu laichen. An sonnigen, verkrauteten Stellen kann man sie einzeln oder paarweise stehen sehen. Sie sind immer gegen die Strömung gerichtet, da ihr stromlinienförmiger Körper auf diese Weise dem Wasser den geringsten Widerstand bietet und die Strömung allerlei Beutetiere mitbringt.
Nähert man sich ganz vorsichtig, kann man den Hecht fast mit der Hand greifen. Aber natürlich ist er schneller! Blitzartig schießt er flussaufwärts und verdunkelt seinen Fluchtweg durch aufgewirbelten Schlamm.

390
Konzert im Teich

 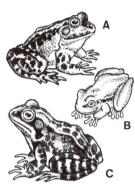

Beim Quaken öffnen die Frösche nicht ihr Maul, sondern sie stoßen die Luft durch die Nasenlöcher aus. Die Schallblasen, die Wasserfrösche an beiden Backenseiten, Grasfrösche und Laubfrösche an der Kehle bilden, verstärken den Ton, ähnlich prall gefüllten Luftballons, über die man mit den Fingern fährt.
Welche Lurche kommen im Frühling in den Gartenteich, um ihre Hochzeitsmusik ertönen zu lassen? Der Wasserfrosch (A) beginnt in stillen Abendstunden mit „Moarks-moarks", es folgt ein anhaltendes „Brecke-brecke-brecke". Vom Grasfrosch (B) ist nur ein leises Murren zu hören. Der Laubfrosch (C) sitzt im Gebüsch am Wasser und lässt ein gellendes „Äpp-äpp-äpp" weithin hörbar ertönen.

391
Laich im Teich

 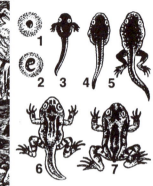

Ein kleiner, gut bepflanzter Gartenteich mit sauberem Wasser kann für Frösche und Kröten den Laichplatz ersetzen, den sie in näherer Umgebung vielleicht nicht mehr vorfinden. Wenn ihre Hochzeitsrufe ertönen, entdeckt man bald Ballen oder Schnüre von Laich, aus dem die Kaulquappen schlüpfen. Sie knabbern mit ihren Hornkiefern Laichgallert und Algen ab, später nehmen sie auch Goldfischfutter und Fleischreste an.
Am Ufer kann man farbige Bänder aufhängen, um die Amseln von den jungen Fröschen fern zu halten. Wenn sie dann im Frühsommer das Wasser verlassen, sammeln wir sie ein und setzen sie in freier Natur an einem sauberen Gewässer aus.

392
Stichling im Aquarium

Einen leuchtend roten Bauch und einen blaugrünen Rücken hat das Männchen des Dreistacheligen Stichlings im Frühjahr. Wer ein Männchen und ein Weibchen – es ist graugrün gefärbt – in ein gut bepflanztes Aquarium setzt, kann ihre Brutpflege beobachten. Klein geschnittene Graswurzeln, die du ins Wasser streust, schleppt das Männchen büschelweise zum Boden hinab und baut daraus ein Nest. Nun lockt es die Weibchen zum Laichen herbei, bewacht die Eier und wedelt emsig frisches Wasser heran. Entfernt sich eins der nach 10 Tagen ausgeschlüpften Jungen vom Nest, holt der Stichling es im Maul zurück. Stichlinge brauchen Lebendfutter, also Wasserflöhe und Mückenlarven.

393
Verteidigung des Reviers

Erregt greift das Stichlingsmännchen alles an, was sich seinem Nest nähert. Sogar die Schnecke muss abziehen; die Köcherfliegenlarve trägt der Stichling im Maul fort. Weil er selbst die eigenen Weibchen nach dem Laichen vertreibt, nimmt man sie am besten aus dem Aquarium.
Eine Stichlingsattrappe, die du aus blauem und rotem Knetgummi formst und an einer Stricknadel ins Aquarium bringst, greift der Stichling ebenso an wie ein Weidenblatt am Ende einer dünnen Rute. Fährt man damit durch sein Revier im Bach oder Teich, beißt er sich manchmal an dem Blatt fest und lässt sich so herausangeln.

394
Muschelreihe

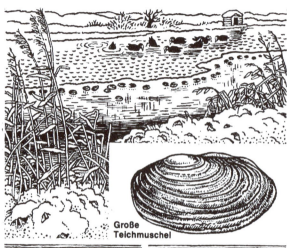

Die Blässhühner tauchen im Winter im eisfreien Wasser nach ihrer Lieblingsnahrung, den handtellergroßen Teichmuscheln. Sie legen die Muscheln in einer Reihe auf die Eiskante und klettern hinauf, um sie mit ihrem spitzen Schnabel zu öffnen.

395
Nest im Schilf

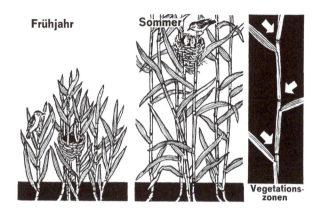

Hoch in den Halmen des Schilfs schwankt im Sommer das körbchenförmige Nest des Schilfrohrsängers, der – wie alle Rohrsängerarten – im Röhricht am Rand von Seen und Teichen zu Hause ist.

Wer im Frühjahr beobachtet hat, wie der „Rohrspatz" das Nest an die noch niedrigen Schilfhalme geflochten hat, wundert sich vielleicht, warum die Halme nicht über das Nest hinausgewachsen sind, sondern es mitsamt dem Gelege von fünf bis sechs Eiern mit in die Höhe gehoben haben. Wie alle Gräser wachsen die Schilfhalme jeweils in den „Vegetationszonen" über den Knoten. Diese hellgrünen Stellen bestehen aus weichen, noch nicht verholzten Zellen und werden von den Blättern eingehüllt und gestützt.

396
Gast aus dem Norden

An einer eisfreien Stelle eines Wald- oder Heidebachs findet sich in der kalten Jahreszeit der Eisvogel ein. Der kleine Vogel mit den funkelnd blauen Rücken- und zimtroten Brustfedern ist bei uns selten; im Winter kommen Artgenossen aus nördlichen Ländern her, wenn dort ihre Fischgründe vereist sind.
Er sitzt lange auf einem Pfahl und schielt in das Eisloch. Plötzlich schießt er wie ein Pfeil ins Wasser, taucht in die Tiefe und schwingt sich – mit einem fingerlangen Fisch im Schnabel – wieder empor. Nahrungsmangel treibt den Vogel unter die Eisdecke – und manchmal findet er den Weg nicht zurück.

397
Brutpflege

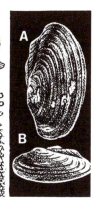

Wer das Glück hat, im Frühling ein Bitterlings-Pärchen in einem Teich zu fangen, sollte gleich eine lebende Teichmuschel (A) oder Malermuschel (B) mit ins Aquarium nehmen. In den Atemschlitz einer dieser Muscheln legt das Weibchen des Bitterlings mit Hilfe einer etwa 5 cm langen Legeröhre seine Eier, die dann von dem in allen Farben schillernden Männchen befruchtet werden. Nach über drei Wochen schlüpfen die Jungen aus. Sie haken sich im Innern der Muschel fest und bleiben in ihrem Schutz mehrere Tage. Ohne diese Muscheln können sich die Bitterlinge nicht vermehren.

227

398
Kälteschutz der Wasservögel

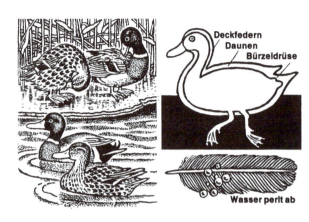

Enten und andere Wasservögel können im Winter stundenlang im eiskalten Wasser bleiben. Wie kommt es, dass ihnen die Kälte nicht schadet?
Mit ihrem Schnabel pressen sie aus ihrer Bürzeldrüse oberhalb des Schwanzes ein talgartiges Fett aus, verteilen es in ihrem Gefieder und machen es damit wasserabweisend. Ein Versuch beweist es: Wassertropfen perlen von einer Entenfeder ab, ohne sie zu benetzen. Zwischen den flauschigen Daunen unter den wasserabstoßenden Deckfedern ist warme Luft eingeschlossen, die den Vogelkörper gegen Kälte isoliert und ihn gleichzeitig wie eine Schwimmweste auf dem Wasser trägt.

399
Schneckenhäuser im Eis

Was suchen die Raben auf dem Eis eines Wiesentümpels? Sie hacken an der Oberfläche eingefrorene Schneckenhäuser auf, um Wasserspinnen, die sie in ihnen finden, zu verzehren.
In der warmen Jahreszeit holen die schwarzen Spinnen an ihrem behaarten Körper Luft von der Wasseroberfläche zum Grund des Teichs und verankern sie mit Gespinstfäden als „Taucherglocke" zwischen den Pflanzen. Häufig wohnen die Wasserspinnen auch in leeren Schneckenschalen, besonders in den Gehäusen der großen Schlammschnecken. Die luftgefüllten Gehäuse steigen zur Wasseroberfläche empor und, vom Eis eingeschlossen, überwintern in ihnen die Spinnen.

400
Erdgas aus dem Schlamm

Vom Grund eines sumpfigen Gewässers sieht man häufig, besonders in der warmen Jahreszeit, Blasen emporsteigen. Stochert man mit einem Stock im Boden, sprudeln die Blasen vermehrt an die Wasseroberfläche.
Die Blasen enthalten nicht etwa Atemluft von Wassertieren, sondern Methangas, das bei der Gärung und Zersetzung von Pflanzenresten im Schlamm des Gewässers entsteht.
Methangas, eine Kohlenwasserstoffverbindung, ist brennbar. Es wird in Kläranlagen aus dem Faulschlamm produziert und zur Energiegewinnung verwertet. Es ist aber auch überwiegender Bestandteil des Erdgases, das sich bei der Zersetzung organischer Stoffe in Urzeiten gebildet hat.

401
Druckwellen im Wasser

Ein Angler soll nicht nur still sein, sondern auch still sitzen, vor allem im Boot.
Fische können nicht nur mit ihrem Hörorgan hören, sie nehmen auch Druckveränderungen wahr, beispielsweise eine Fußbewegung, die über die Bootsplanken durch das Wasser auf ihr Seitenlinienorgan übertragen wird. Das ist eine von den Kiemen bis zum Schwanz führende Reihe von Poren in den Schuppen. Darunter liegen Sinneszellen, die feinste Druckunterschiede registrieren. Mit diesem Sinnesorgan können sich die Fische orientieren, auch im trüben Wasser und bei Dunkelheit. Sie können unterscheiden, ob die Druckwellen von Artgenossen oder Feinden herrühren oder nur von einem Stein oder Halm.

Strand und Gestein

402
Abgeschliffene Bäume

Im Flachland und im Gebirge, besonders aber direkt an der Meeresküste, können wir alte Bäume mit bizarren Wuchsformen bewundern. Es sind meist Föhren, verkrüppelte alte Kiefern. Jahr für Jahr haben Sturm und Wind ihre Baumkronen bearbeitet, durch mitgeführte Sandkörnchen und Eiskristalle die jungen Triebe auf ihrer Windseite wie mit Schmirgelpapier abgeschliffen oder die weichen Knospen erst gar nicht austreiben lassen.
Im Marschgebiet, wo die einzeln liegenden Bauernhöfe durch Bäume und Gebüsch gegen Sturm geschützt sind, kann man an den Baumgruppen am Horizont weithin die Himmelsrichtungen erkennen: Vom Nordwesten her sind sie vom Sturm schräg abrasiert, ihre markanten Formen verraten also die Hauptwindrichtung.

403
Vögel im Wind

Im scharfen, eisigen Wind, der über das Küstengebiet fegt, sieht man tausende von Möwen auf dem Eis und am Strand versammelt. Alle Vögel stehen wie auf Kommando mit dem Schnabel genau gegen den Wind. Wie erklärt sich dieses Verhalten?
Wegen seiner Stromlinienform bietet der Vogelkörper dem von vorn kommenden Wind den geringsten Widerstand (A). Ein scharfer Seiten- oder Rückenwind hingegen könnte die Möwe umwerfen, er würde die Deckfedern wie einen Regenschirm aufklappen und die in den Daunen eingeschlossene Warmluft fortwehen.

404
Fliegende Wetteranzeiger

Verschiedene Marienkäferarten

Insekten können Luftdruckveränderungen wie ein Barometer erkennen. Mücken, Fliegen, Schmetterlinge und Käfer, geflügelte Blattläuse und Ameisen steigen daher nur bei guten Wetterbedingungen in die Lüfte empor und vereinigen sich zu Riesenschwärmen. Ihnen jagen die Schwalben nach und sagen uns dadurch das Wetter voraus.
Die Insekten geraten mitunter in Aufwinde und werden über das Meer abgetrieben. So kommt es, dass man manchmal am Strand Millionen von Marienkäfern angespült findet. Viele der nützlichen Käfer kannst du retten, indem du sie mit Leitungswasser abspülst und mit Zucker fütterst.

405
Enträtseltes Wattgeräusch

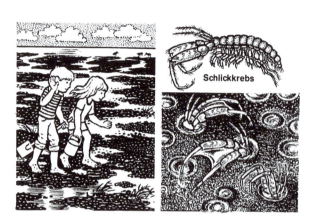

Ein beständiges, leises Knistern ist bei Ebbe im Watt zu hören. Das Geräusch wird von knapp 10 mm großen Schlickkrebsen hervorgerufen, die stellenweise zu tausenden auf 1 m² Wattboden in u-förmigen, 4 cm tiefen Röhren leben.
Wenn die Krebse mit ihrem überlangen Antennenpaar Nahrung von der Wattoberfläche in den Röhreneingang scharren und dabei die Antennen spreizen, platzt jedes Mal ein feines Wasserhäutchen zwischen ihnen. Das leise „klick" wird durch die Röhrenöffnung leicht verstärkt und das millionenfache gleiche Geräusch erzeugt ein anhaltendes, geheimnisvolles Knistern.

406
Gänge im Meeresboden

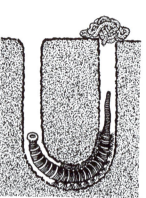

Bei Ebbe fallen einem im Watt zahlreiche Häufchen von geschlängelten Sandwürstchen auf und jeweils etwa 10 cm daneben entdeckt man eine kleine, trichterförmige Vertiefung. Der Austernfischer mit seinem langen, roten Schnabel weiß genau, dass er an diesen Stellen seine Lieblingsmahlzeit im Boden findet, den Sandpier, einen grünbraunen Ringelwurm. Gräbst du hier einen Spatenstich tief, entdeckst du eine u-förmige Röhre, in der der 20 bis 30 cm lange, borstige Wurm steckt. Der Sandpier ernährt sich von pflanzlichen und tierischen Stoffen, die er im Schlick findet oder die ihm das Meer in seine Röhre spült.

407
Krebse mit Orientierungssinn

Untersucht man den am Ufer angespülten Tang, findet man darin 15 mm große Krebstiere, den Strandfloh und den Sandhüpfer. Auf der Suche nach pflanzlicher und tierischer Nahrung wagen sie sich bis an den trockenen Sand vor; manche werden auch mit dem Tang vom Wind fortgeweht. Und doch finden sie stets zu ihrem Lebensraum, dem Spülsaum, zurück.

Das kannst du beobachten, wenn du die kleinen Krebstiere einige Meter vom Ufer entfernt aussetzt. Sie orientieren sich am jeweiligen Sonnenstand, berücksichtigen offenbar zusätzlich die Tageszeit und kennen so die Richtung zum Wasser.

408
Strandsammlung

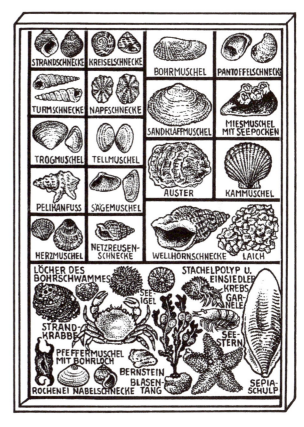

Wer Muschel- und Schneckenschalen übersichtlich nach Arten ordnet, wird von selbst zum Kenner des Lebens im Meer. Baue für die Sammlung einen Rahmen aus Leisten und Zeichenkarton, unterteile und beschrifte ihn mit Filzstiften und klebe alles mit Leim fest.

233

409
Meersalat

Wenn du den Spülsaum an der Flutkante des Meeres untersuchst, findest du darin auch einige Arten von Meeresalgen, den Meersalat, Sägetang, Blasentang und andere. Einige Zweige gehören mit in die Strandsammlung, sie lassen sich zwischen losen Lagen von Zeitungspapier schnell trocknen.

Der Tang sitzt im Meer mit Hilfe von Haftscheiben am Grund fest und wird häufig bei Sturm zusammen mit losen Steinen an Land gespült. Einer Art fehlt die Haftvorrichtung, sie lässt sich einfach von Miesmuscheln festhalten. Diese verankern sich mit Gespinstfäden auf festem Untergrund und halten sich gegenseitig in girlandenartigen Kolonien fest. Dazwischen siedelt sich der Tang an. Aber im Sturm wird er zusammen mit den Muscheln an das Ufer verdriftet.

410
Geteilte Seesterne

Der Seestern umklammert mit Hilfe seiner Saugfüßchen – eine Doppelreihe unter jedem Arm – im Meer Muscheln und zwingt sie durch den Druck, den er ausübt, sich zu öffnen; dann stülpt er seinen Magen über ihr Fleisch und frisst es.

Unter den Seesternen fallen einzelne Tiere mit verschieden langen Armen auf. Das liegt an ihrer Fähigkeit, verloren gegangene Körperteile zu ersetzen; man nennt das „Regeneration". Ist einem Seestern ein Arm abgerissen worden, wächst ihm ein neuer nach (A). Der verlorene Arm wiederum kann vier neue Arme bilden; solange diese noch klein sind, hat er eine Kometenform (B).

Seesterne sollten nicht gefangen und am Strand liegen gelassen werden. Sie verenden langsam, indem sie austrocknen.

411
Bohrloch eines Räubers

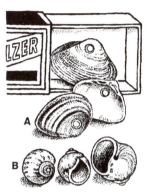

Unter den Muschelschalen bemerkt man einzelne, die nahe an ihrem Schloss ein etwa 4 mm großes, kreisrundes Loch haben (A). Diese Schalen gehören als Besonderheit mit in die Sammlung. Vielleicht findest du auch ein Gehäuse der Nabelschnecke, erkennbar an seiner nabelartigen Vertiefung (B).
Diese Schnecke ist es nämlich, die die kleinen Muscheln im Meer überfällt. Sie sondert aus einer Drüse Schwefelsäure ab, die Kalk auflöst, und bohrt mit deren Hilfe die Muschelschale durch. Dann steckt sie ihren rüsselartigen Mund durch das Loch und verspeist das Fleisch.

412
Durchbohrte Steine

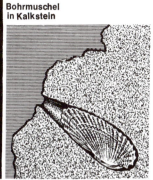

Am Meeresufer fallen Kieselsteine und Findlinge aus Kalkstein oder Schiefer auf, die fingerdicke, kreisrunde Löcher haben. Wer hat die Steine bearbeitet? Es sind die Bohrmuscheln, deren dünne, Engelsflügeln ähnlich sehende Schalen man häufig am Strand findet. Mit ihrem feilenartig scharfen Rand bohren sie tiefe Wohnröhren in das Gestein. Da die Muscheln wachsen, erweitern sich ihre Röhren konisch in Bohrrichtung. Sie können sie daher nie mehr verlassen. Nur wenn sie sich in bröckeliges Gestein, Ton oder Holz am Meeresgrund eingebohrt haben, werden sie vom Wasser freigespült.

413
Funkelndes Meer

Ein nächtliches Meeresleuchten ist ein Naturereignis. Mal ist es nur ein Funkeln, mal erstrahlt das Meer in weißem Licht. Es wird von Milliarden stecknadelkopfgroßer Leuchttierchen erzeugt. Ein Stoff, den sie enthalten, leuchtet auf, sobald ihm vermehrt Sauerstoff zugeführt wird: in den Wellenkämmen, der auslaufenden Brandung und den Spuren im nassen Sand.

414
Funde mit Geschichte

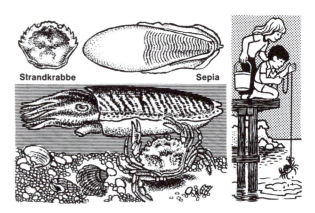

Ein Krabbenpanzer und ein Sepiaschulp, die am Meeresstrand angespülten Überreste zweier Meerestiere, verbindet die Geschichte vom Fressen und Gefressenwerden. Der Tintenfisch ernährt sich großenteils von Krabben und lässt nur ihre Panzer zurück, die dann angespült werden. Wenn er selbst eines Tages nach dem Laichen kraftlos am Grund liegt, fallen die Krabben über ihn her; von ihm bleibt nur die kalkige weiße Rückenschale, der Sepiaschulp übrig.

Krabben wittern ihre Beute: Bindest du ein Stückchen Fleisch an eine Schnur und senkst es an einer steinigen Stelle ins Wasser, angelst du sicher bald eine Krabbe heraus.

415
Angespülte „Seestachelbeeren"

An manchen Tagen wirft die stürmische See zahllose kugelige Gebilde auf den Strand, sie sehen aus wie durchsichtige Stachelbeeren. Es sind Rippenquallen, die nicht nesseln wie viele andere Quallenarten, und deshalb kann man sie auch in die Hand nehmen.

In einem Glasgefäß kannst du gut erkennen, auf welche Weise sich die Qualle fortbewegt: durch rhythmisches Schlagen zahlreicher, in acht Reihen angeordneter Wimperhärchen. Die beiden langen Fangfäden, mit denen sie im Meer kleines Getier erbeutet, kann sie einziehen.

416
Fischfang bei Ebbe

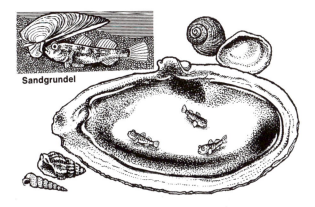

Sandgrundel

In den seichten Wasserlachen und Prielen des Watts flitzen winzige Fische ruckartig hin und her. Ihr Bulldoggenkopf verrät, dass es junge Sandgrundeln sind, unlängst aus den Eiern geschlüpft, die ihre Mutter unter Muschelschalen gelegt hatte.

In einer Klaffmuschelschale lassen sich die Fische fangen und in Augenschein nehmen. Du kannst beobachten, dass sie sich mit ihren zu einer Saugscheibe verwachsenen Bauchflossen am Grund festhalten – eine sinnvolle Einrichtung für die Grundeln, die in Ufernähe der Brandung und Tidenströmung besonders ausgesetzt sind.

417
Entdeckung am Flussufer

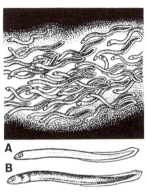

Bereits vier Jahre alt sind die jungen Aale, wenn sie im Frühjahr in großen Schwärmen vom Meer her in unsere Flussmündungen ziehen. Sie benötigen diese lange Zeit, um von den Laichplätzen mitten im Atlantik bis nach Europa zu gelangen.

Die kaum fingerlangen, anfangs durchsichtigen „Glasaale" (A) färben sich langsam grau, sie wandern als „Steigaale" (B) flussaufwärts und weiter in die Binnengewässer.

Tagsüber verstecken sich Aale am Ufer unter Steinen. Erst abends kommen sie aus dem Versteck und holen sich Wasserflöhe und anderes Getier.

418
Bohrlöcher eines Schwamms

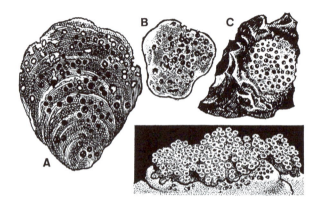

Manche Muschelschalen, besonders die der Austern (A), sind siebartig durchbohrt. Auch Kieselsteine aus Kalkstein (B) und Kalkeinschlüsse (C) sind von vielen 2 bis 3 mm großen Löchern durchsetzt. Sie stammen vom Bohrschwamm, einem Tier, das als glitschige Masse über Steine und Muschelschalen „wächst", mit chemischen Absonderungen den Kalk durchbohrt und ihn mit feinen Kanälen durchzieht.

Übrigens enthalten Bohrschwämme winzige Skelettteile aus Kieselsäure. Im Kreidemeer, vor 120 Millionen Jahren, lagerten sich diese in Massen am Meeresboden ab und erhärteten zu Feuerstein.

419
Seeigel vom Meeresgrund

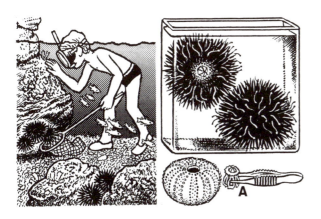

Seeigel sitzen an Felsen und Buhnen. In seichtem Wasser kann man beobachten, wie sie mit den beweglichen Stacheln über den Grund stelzen und mit Hilfe ihrer Saugfüßchen klettern.
Das Skelett eines vertrockneten Seeigels, von dem die Stacheln abgefallen sind, ist eine verhornte Kalkschale. Sie hat fünf Doppelreihen von Löchern, durch die die Füßchen führten. Trennt man die Schale um den Mund herum auf, lässt sich der Kauapparat, die so genannte „Laterne des Aristoteles", herausnehmen (A). Mit den fünf meißelartigen Zähnen schabt das Tier Algen vom Gestein ab.

420
Sammlung von Fossilien

Südlich der Norddeutschen Tiefebene kann man versteinerte Lebewesen (Fossilien) überall da finden, wo Schichten von Sandstein, Schiefer oder Kalkstein zu Tage treten. Das sind Sedimentgesteine, erhärtete Ablagerungen eines Meeres, das im Laufe von Jahrmillionen das heutige Europa mehrmals überflutete. Von einem Lebewesen, etwa einer Muschel, kann die Schale ganz natürlich erhalten sein (A). Oder die Schale hat sich aufgelöst und ist dann nur als flacher Abdruck erkennbar (B). Oft findet man nur einen „Steinkern" (C), das ist Meeresschlamm, der das Innere der Tierschale ausfüllte und zu Stein wurde.

421
Ausgestorbene Tintenfische

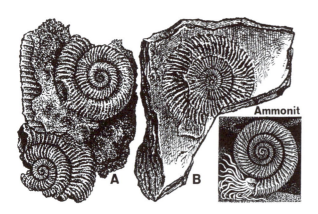

Wie riesige Schneckenschalen sehen die Versteinerungen aus, die man besonders in Süddeutschland finden kann. Es sind fossile Ammoniten, versteinerte Gehäuse einer Tintenfischart, die seit 90 Millionen Jahren ausgestorben ist.
Wurden die Tiere in Sand eingelagert, der später zu Sandstein erhärtete, blieben ihre Schalen bis heute fast unverändert erhalten (A).
Wurden sie dagegen in Ton eingebettet, der inzwischen zu Schiefer zusammengepresst wurde, lösten sich die Schalen langsam auf und sind jetzt nur noch als scheibenförmige Abdrücke zu erkennen (B). Es gibt fossile Ammoniten in unterschiedlichsten Größen, von wenigen Millimetern bis zu 2,50 m Durchmesser.

422
Versteinerte Armfüßer

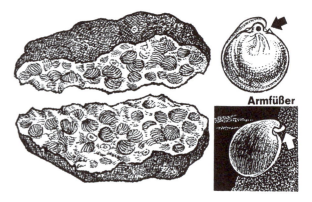

In kalkigem Sandstein, den man auch als gelblich graue Feldsteine in Norddeutschland findet, entdeckt man nach dem Aufschlagen unzählige glitzernde Abdrücke. Diese sehen zwar Muschelabdrücken ähnlich, stammen aber von Armfüßern (Brachiopoden).
Findet man ein größeres Exemplar, erkennt man, dass an der Verbindungsstelle der Schalen die eine über die andere greift. Ein Armfüßer hatte also nicht wie eine Muschel zwei zueinander symmetrische Schalenhälften, sondern eine Bauch- und eine Rückenschale. Er saß mit einem durch ein Loch (Pfeil) führenden Stiel am Meeresgrund fest.

423
Seeigel im Feuerstein

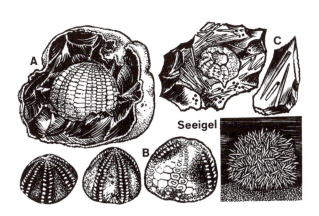

Etwa 120 Millionen Jahre alt sind die Seeigel, die man beim Aufschlagen von Feuersteinen (A) oder als vom Meerwasser ausgespülte „Glückssteine" (B) findet.
Die damaligen Seeigel – den heute lebenden Arten sehr ähnlich – versanken nach dem Absterben in den Ablagerungen am Meeresgrund. Diese waren besonders reich an Kieselsäure, die von den Skeletten massenhaft abgestorbener Kleinstlebewesen herrührte. Sie füllte das Innere der Seeigel aus und erhärtete zu Feuerstein, während sich die kugelige Schale der Seeigel mehr oder weniger auflöste. Auch ihre abgefallenen Stacheln findet man als Abdrücke im aufgeschlagenen Feuerstein (C).

424
„Donnerkeile" aus dem Meer

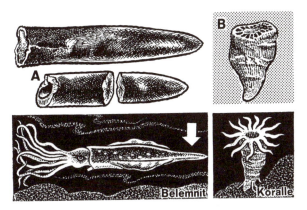

Die bräunlichen, zigarrenförmigen „Donnerkeile" (A) findet man in Süddeutschland in urzeitlichen Gesteinsschichten. In der Norddeutschen Tiefebene kommen sie im „Geschiebe" vor, dem von den Eiszeitgletschern mitgebrachten Gestein, Geröll und Sand. Am Strand entdeckst du Donnerkeile zwischen den Kieselsteinen. Sie sind die versteinerte Spitze der Rückenschale von Belemniten (Pfeil). Das sind zehnarmige Tintenfische, die vor 120 Millionen Jahren im Kreidemeer lebten, das damals weite Teile Europas bedeckte. Ein kegelförmiges Gebilde aus dieser Zeit ist das verkieselte Gerüst einer Einzelkoralle (B). Sie lebte festgewachsen am Meeresgrund und fing Lebewesen mit ihren Fangarmen.

425
Steine aus Vulkanen

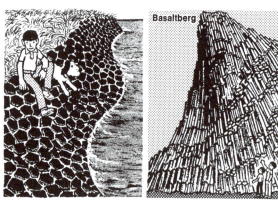

Woher kommen die fünf- und sechskantigen blauschwarzen Steine, mit denen manche Fluss- und Meeresufer befestigt sind? Es ist Basalt, ein sehr hartes Ergussgestein, das bei uns zum Beispiel im Westerwald, in der Eifel und auf dem Vogelsberg vorkommt. Vor 20 000 Jahren und noch wesentlich früher ist der Basalt als flüssige Masse aus Vulkanen und Erdspalten an die Erdoberfläche gelangt und hat durch Zusammenziehen beim Erkalten senkrechte Risse bekommen, ähnlich wie der Schlamm einer ausgetrockneten Pfütze. Dabei bildeten sich senkrechte, kantige Säulen, die man heute zu Bausteinen bricht.

426
Umwandlung von Granit

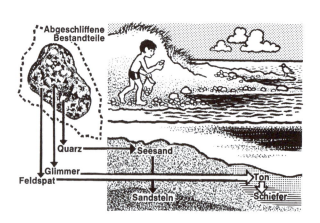

Ein rund gewaschener Granitkiesel, den man am Strand des Meeres findet, ist früher einmal ein Splitter gewesen, der durch die Kraft des Wassers, des Eises oder der Pflanzenwurzeln von einem Felsen abgesprengt worden ist. Durch die Sandkörnchen in der Brandung wurde er rund gerieben und poliert. Wo aber blieben und bleiben die bei dem Vorgang abgeschliffenen Bestandteile des Granits: Quarz, Feldspat und Glimmer? Die Quarzkristalle bilden Seesand, der weichere Feldspat und der Glimmer lagern sich zusammen als Ton im Meer ab. Neues Sedimentgestein entsteht: Aus Sand wird im Laufe der Zeit Sandstein, aus Ton Schiefer.

427
Geschliffene Steine

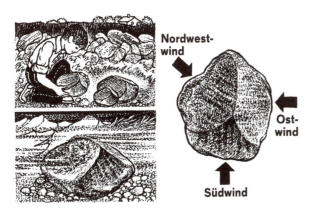

In Norddeutschland findet man Feldsteine, die mehrere schräge, glatte Flächen und scharfe Kanten haben. Man nennt sie „Windkanter", weil sie vom Wind, der meist aus denselben Richtungen weht, durch mitgeführten Sand abgeschliffen wurden.
Das kann schon nach der letzten Eiszeit vor 15 000 Jahren geschehen sein, nachdem die letzten Gletscher geschmolzen waren und gewaltige Sandstürme über die öden, pflanzenlosen Gebiete fegten. Aber auch heute werden den Stürmen ausgesetzte Steine – vor allem im Küstengebiet – ständig abgeschliffen. An ihrer dreikantigen Form kann man deutlich die Hauptwindrichtungen erkennen.

428
Leuchtende Steine

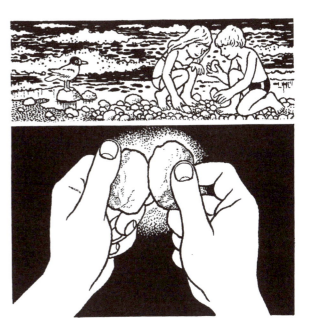

Mit den weißen, leicht durchscheinenden Milchquarz-Kieselsteinen, die man am Strand und in der Kiesgrube findet, lässt sich helles Licht erzeugen. Reibst du zwei faustgroße Milchquarzsteine im Dunkeln aneinander, leuchten ihre Reibflächen hell auf, übrigens auch unter Wasser.
Durch den Reibungsdruck verformen sich die winzigen Kristalle des Quarzes. Im Inneren entstehen elektrische Spannungen, die sich an den Grenzflächen der Kristalle blitzartig ausgleichen. Man nennt das „Piezoelektrizität".

Register

Die Zahlenangaben beziehen sich auf die Nummern der Experimente.

A

Aal 417
Abendpfauenauge 286
Abziehbilder 19
Adhäsion 92, 94, 122
Admiral 283
Altweibersommer 300
Ameisen 267, 289, 305, 358, 367, 368, 369
Ameisenjungfer 354
Ameisenlöwe 354
Ameisensäure 306, 369
Ammonit 421
Amsel 260, 280, 332, 333
Apfelwickler 297
Aquaplaning 246
Aquarium 392, 410, 415, 417, 419
Armfüßer 422
Asphalt 10, 82, 164
Auftrieb 98, 102, 104, 106, 109, 247
Auge 188, 189, 190, 193, 194, 195, 199, 200, 201, 203, 204, 206, 207, 213, 226, 273
Auster 418
Austernfischer 406

B

Ballon 85, 247
Barometer 61, 251
Basalt 425
Baumstumpf 351
Belemnit 424
Beugung des Lichts 187, 191
Bewässerung 6
Bienen 308, 321
Birke 13, 117
Bitterling 397
Blässhuhn 394
Blätter 13, 16, 345, 348
Bläuling 289
Blasentang 409
Blattgrün 14, 356
Blattlaus 291, 293
Blattschneiderbiene 299
Blende 180, 191
Blinder Fleck 206
Blitz 190, 240, 241
Blitzableiter 243
Blitzlicht 194
Blütenfarben 15, 281
Bohrmuschel 412
Bohrschwamm 418
Brachiopode 422
Brennnessel 306
Brennpunkt 170, 182
Buchfink 334

Buntspecht 334, 335, 371, 377
Butterpilz 366

C

Chlorophyll 8, 14

D

Dachs 373
Damhirsch 372
Donnerkeil 424
Drehpunkt 147, 234
Dreidimensionale Bilder 173
Dreieck 222, 223
Düsenboot 75
Dynamo 35

E

Eiche 339, 355
Eichelhäher 260, 332, 339, 369
Eichhörnchen 271, 370, 378
Eis 81, 82, 83, 86, 167
Eisberg 81
Eisen 18, 23, 24, 30
Eisenbahn 235, 237, 239, 253
Eisvogel 396
Eizahn 256
Elastizität 28, 29, 32, 153

Elektrischer Strom 28, 29
Elektrisches Licht 198
Elektromagnet 30, 31
Elektronen 241, 243
Elektroskop 43
Engerling 352
Erbse 10, 11
Erdgas 22, 400
Espe 16

F

Fahrrad 35, 229, 230, 231
Farbstoff 20, 367
Faserrichtung 114, 115, 116
Fata Morgana 164
Faulschlamm 400
Federn 187, 327, 329, 338, 398, 403
Feldgrille 290
Feldlinien 50, 52, 53
Feldmaus 326
Fernsehen 181, 196, 197
Feuchtigkeitsmesser 124
Feuerlöscher 25
Feuerstein 418, 423
Fichte 343
Fichtenkreuzschnabel 377
Fichtenzapfen 377, 378
Film 166, 196, 199, 217
Fische 389, 392, 397, 401, 417

Register

Fleischfressende Pflanzen 331
Flechten 361, 362
Fliegen 294, 295, 296, 324
Fliehkraft 151
Florfliege 291
Flugzeug 244
Fossilien 420
Frauenmantel 307
Freiballon 85, 247
Frequenz 159, 160
Frösche 390, 391
Frostaufbruch 87
Frostrisse 82, 304
Fuchs 332, 373
Fußball 228

G
Galvanisches Element 29
Gallen 355
Gallwespe 355
Gangmine 356
Garnspule 147
Gartenteich 391
Gasdruck 143
Geheimtinte 17
Geheimschrift 174
Gehirn 208, 209, 210, 212, 213, 214, 215
Gehörn 375, 376
Geilstellen 311
Geißblatt 346

Gelbrandkäfer 386
Gesteinsbildung 421, 423, 424, 425, 426
Getreide 322
Gewitter 240, 241, 242
Gewölle 337
Gleichgewichtsorgan 215
Gleis 235
Glockenblume 367
Glühbirne 35
Goldhähnchen 338
Goldlaufkäfer 292
Gräser 311, 322
Granit 426
Grafit 32, 33
Grasfrosch 390
Grünspecht 267

H
Halo 167
Hase 313, 316, 317, 318, 319, 372
Haselmaus 371
Haselnuss 271, 302, 371
Haselnussbohrer 298
Haubenlerche 260
Haubenmeise 324
Hausgrille 290
Hebel 147, 150
Hecht 389
Hermelin 325
Hexenring 363
Hirsch 376

Hohlspiegel 170, 182
Hühnerei 108, 137, 138, 255, 256, 257, 258
Huflattich 10
Huhn 261
Humus 284, 309
Hund 274

I
Igel 309, 312
Indikator 367
Inklination 53
Insektarium 290
Insekten 100, 251, 275, 281, 309, 340, 404
Instinkt 261, 272, 274, 276

J
Jahresringe 121, 342

K
Kaleidoskop 168
Kalkstein 422
Kamera 162, 166, 191, 196
Kapillarität 114, 117, 118, 119, 120, 123
Kartoffel 28
Katalysator 21
Katze 272, 274
Kaulquappe 386, 391
Keim 8, 9

Keimscheibe 257
Kiebitz 328
Kiefernzapfen 124, 377
Kieselsäure 423
Kieselsteine 426, 428
Kinematografischer Effekt 199, 212, 217
Kirsche 12
Kläranlage 400
Kleiber 335
Knabenkraut 321
Köcherfliege 387, 393
Kohäsion 122
Kohlendioxid 25, 179, 244
Kohlmeise 265
Kompass 51, 53, 232, 320
Kondensation 244, 245
Kondensstreifen 244
Kopfhörer 28, 33
Koralle 424
Kräfteparallelogramm 236
Krebsschere 383
Kreis 227, 229
Kreisel 68, 137, 197
Kristall 428
Kröten 309
Kuckuckslichtnelke 323
Küken 256
Kugel 224, 228
Kugelschreiber 252
Kulturflüchter 263
Kulturfolger 260, 262, 264

Register

L

Längenwachstum 347
Landkartenflechte 362
Laterne 143
Laubfall 345, 348
Laubflechte 362
Laubfrosch 390
Laufkäfer 292
Leitgewebe 304, 342, 344, 346
Leuchtkäfer 357
Leuchttierchen 413
Libelle 383, 384
Lichtabsorption 184, 254
Lichtbrechung 174, 177, 178, 179
Lichtreflexion 170, 171, 195, 254
Löwenzahn 303
Luftdruck 56, 58, 60, 61, 62, 70, 97, 248, 249, 251
Luftfeuchtigkeit 124
Luftkissenfahrzeug 74
Luftströmung 57, 58, 59, 65, 66, 71, 73, 183, 250

M

Maikäfer 352
Magnet 27, 30, 31, 34, 47, 48, 49, 50, 51, 52, 53
Malermuschel 397
Marienkäfer 293, 352, 404
Mattglas 176
Mauersegler 259, 266
Maulwurf 268, 269, 270
Meeresleuchten 413
Membrane 154, 157
Methangas 400
Miesmuschel 409
Mikrofon 33
Mikroskop 380
Milchquarz 428
Mimikry 285
Minierfliege 356
Miniermotte 356
Möwe 403
Moiré 181
Moleküle 388
Mond 167, 192, 287
Mondvogel 285
Morsegerät 31
Münzen 113, 153, 211
Muscheln 418

N

Nabelschnecke 411
Nachbild 190, 199, 200, 201, 202, 203
Nachtkerze 308
Nachttiere 273
Nagespuren 372
Netzhaut 190, 193, 194, 199, 200, 202, 218, 221
Neuntöter 340
Nisthilfen 265
Nordpol 47, 51, 53

O

Oberflächenspannung 88, 90, 91, 92, 93, 94, 95, 96, 99, 100, 101, 107, 381, 388
Ohr 157, 158, 160
Optische Dichte 177, 179
Optische Täuschung 204, 205, 212, 216, 218, 219, 220, 221
Osmose 10, 11, 12
Oxidation 23, 24

P

Papier 114, 115, 144, 148, 157, 409
Piezoelektrizität 428
Pferd 275
Pilze 351, 363, 365, 366, 370
Plastisches Bild 207
Presslufthammer 10

R

Rabe 329, 399
Rad 196, 229, 230, 234, 235
Rakete 67
Raubspinne 388
Rauminhalt 224
Räumliches Sehen 207
Regenbogen 185
Regeneration 280, 410
Regenwurm 261, 270, 276, 280, 284
Reh 324, 332, 375, 376
Reibung 132, 149, 246
Reisighaufen 309
Ringelnatter 309
Rippenqualle 415
Rodelschlitten 236
Rötelmaus 378
Rothirsch 372
Rutschbahn 246

S

Säbelwuchs 349
Salz 108, 177
Samen 9
Sandgrundel 416
Sandhüpfer 407
Sandpier 406
Sasse 316, 317, 318
Sauerklee 359
Schälspuren 372

Register

Schall 154, 155, 156, 157, 158, 159, 160, 240, 390
Schallplatte 402
Schaumzikade 323
Schilf 395
Schilfrohrsänger 395
Schlammschnecke 399
Schleiereule 263, 327
Schlickkrebs 405
Schlieren 179
Schmetterlinge 281, 282, 287, 308
Schnecken 277, 278, 279, 399
Schnee 350
Schrecksekunde 213
Schrittspannung 242
Schwalben 259, 265, 404
Schwerkraft 84, 126, 127, 130, 132
Schwerpunkt 125, 126, 127, 128, 129, 131, 134, 135, 136, 257, 347
Schwingung 154, 155, 159, 160
Seeigel 419, 423
Seestachelbeere 415
Seestern 410
Seife 99, 100
Seifenblasen 99

Seilbahn 233
Seitenlinienorgan 401
Sepiaschulp 414
Siebenschläfer 372
Sonne 1, 2, 3, 4, 14, 170, 183, 184, 185, 186, 232, 254
Sonnenfinsternis 2
Sonnenflecken 1
Sonnenlicht 186, 188
Sonnenspektrum 185, 186, 187, 188
Sonnentau 331
Sonnenuhr 3, 4
Spechtschmiede 377
Spektralfarben 185, 186, 187, 188
Sperling 260, 265
Spiegel 161, 162, 163, 164, 169, 172, 182
Spinnen 300, 309, 351
Spitzmaus 309, 330
Sporenbild 364
Spülmittel 100
Springkraut 360
Spurspiel 235
Stabilität 133, 144, 145, 152, 238
Stachellattich 320
Stahlmast 133
Stahlwolle 23, 24
Standfestigkeit 133, 347

Statische Elektrizität 36, 37, 38, 39, 40, 41, 42, 43, 44, 45, 46
Staumauer 238
Stechmücke 324, 385
Stereobild 173
Stichling 392, 393
Stockente 327, 398
Storch 263
Stoß 153
Strandfloh 407
Strandkrabbe 414
Strandsammlung 408
Strebe 133
Streichholzschachtel 152
Stromlinien 403
Stubenfliege 157, 294, 295, 296
Symbiose 366

T
Tachometer 230
Tagpfauenauge 283, 286, 288
Talsperre 238
Tang 409
Tanne 121, 343
Tastsinn 214
Taucherglocke 54, 110
Taumelkäfer 382
Teich 391
Teichmolch 309
Teichmuschel 394, 397

Teppich 225
Thermometer 69
Tinte 17, 18
Tintenfisch 414, 421, 424
Totalreflexion 167, 172
Tracheen 251
Trägheit 137, 138, 139, 140, 141, 142, 143, 239
Trägheit des Auges 199, 200, 201, 202, 203, 217, 218, 221
Treppe 225
Trommelfell 158
Tunnel 253
Turbine 183

U
U-Boot 109
Unterwasserlupe 379

V
Veilchen 305
Ventil 64
Verbrennung 23, 24
Verdunstung 245
Versteinerungen 420
Vogelbein 338
Vogelflug 327
Vogelnester 265, 341
Vogelstimmen 332, 333, 334, 336
Vulkan 425

Register

W

Waage 105, 106, 131
Wachstum 8, 9, 322,
    347, 349, 363,
    395
Wärmeausdehnung 77,
    78, 87
Wärmeisolierung 73
Wärmeleitung 77, 79, 87,
    127, 254
Waldgeißblatt 346
Waldkauz 329, 336,
    337
Waldmaus 371, 376,
    378
Waldohreule 326, 337
Warnfarben 285, 286
Warnlaute 332, 333
Wasserdampf 76
Wasserdruck 89, 113,
    238, 401
Wasserfloh 392
Wasserfrosch 390
Wasserjungfer 383
Wasserläufer 381
Wasserspinne 399
Wasserströmung 111,
    112
Weide 310, 344
Weihnachtsbaum 121
Weinbergschnecke 278,
    279, 358
Wellblech 144

Wellenlänge 160
Weltzeituhr 5
Wespen 301
Wetterballon 247
Wiesel 325
Wiesenschaumkraut 323
Wildkaninchen 314, 315,
    319, 372
Wildschwein 374
Windformen der Bäume
    402
Windkanter 427
Windrad 71, 183
Wintergoldhähnchen 338
Winterschlaf 309, 312
Winterstarre 309
Wölbspiegel 169
Wolfsspinne 353
Wühlmaus 326
Würfel 224

Z

Zecke 324
Zeit 5
Zelle 10
Zellstoff 116
Zentrifugalkraft 151
Zigarette 146
Zitronenfalter 288
Zitterpappel 16
Zucker 21
Zunderschwamm 365

249

Ravensburger Bücher Unsere Empfehlung

Spaß am Wissen
mit Ravensburger Kinder-Sachbüchern

Alles was ich wissen will, Band 1

Dieses Buch beantwortet Fragen zu Technik und Natur Schritt für Schritt, mit zahlreichen Bildern und kurzen Texten, die schon für Leseanfänger geeignet sind.

ISBN 978-3-473-**35484**-9

Das Ravensburger Kinderlexikon von A – Z

Ein reich bebildertes Nachschlagewerk in alphabetischer Reihenfolge für Leseanfänger.

ISBN 978-3-473-**55072**-2

Mein großes Grundschulwissen

Modernes Wissen über Erde und Weltraum, Natur und Tiere, Geschichte und Technik für Leseanfänger. Mit allen wichtigen Themen für die Grundschule.

ISBN 978-3-473-**55139**-2

Lebensräume der Tiere

Sachtexte, Reportagen, Tagebucheinträge, Briefe und lustige Comics führen durch die unterschiedlichen Lebensräume der Tiere.

ISBN 978-3-473-**55163**-7

www.ravensburger.de